志は死なず

教科書には出てこない「もう一つの歴史」

過去世物語 日本編

ザ・リバティ編集部 編

まえがき

「あの世」も「霊界」もない。神も仏も存在しない。だから、人間は死ねばそれでおしまい。いや、その「おしまい」と思う心もなくなってしまう。ただの「無」……。とすれば、あまりにも虚しいのではないだろうか。

一生懸命努力したことも、人を愛したことも、子を産み育てたことも、そして夢も希望も志も、すべてが死によって無に帰してしまうとしたら、あまりにも寂しすぎる。その寂しさに耐えきれる人間など、ほとんどいないだろう。その絶望的な虚無のあまり、多くの人は自暴自棄に陥ったり、精神の均衡を失ってしまうに違いない。

だが、しかし、「あの世」を否定する多くの人も、現実にはさして自己を見失うこともなく、なんとか社会的生活を営んでいる、ように見える。それは、なぜだろう。

実は、人はみな、心のどこかで、自分という存在が「この世」限りではないということを察知しているのではないだろうか。半信半疑ながらも、仏神の存在を含めた「あの世」

の実在を、人は信じたいと思っているのだ。

ところが、「あの世」であれ「霊界」であれ、日本に浸透しているイメージは最悪である。オドロオドロしい奇妙な闇の世界。魑魅魍魎《ちみもうりょう》が跋扈《ばっこ》する妖怪の世界……。最近こそ、スピリチュアル・ブームなどと世間で騒がれてはいるが、その不可解かつ暗いイメージは少しも変わらない。

確かに、「あの世」という広大無辺な多次元宇宙の一部には、それもごくごく一部だが、闇の世界も存在する。しかし、実際の霊的世界のほとんどの時空間には、光いっぱいの明るくリアルな世界が実在しているのだ。それはそれはまばゆい天国的世界が広がっているのだ。そこが、実は人間のふるさとであり、我々が本来の生活を営んでいる世界である。

この事実を知ったとき、人は、はじめて明るく豊かな人生観を持つことができる。死の不安を克服し、本来の自分を１２０パーセント発揮して、「この世」の人生を楽しく充実させて、生きることができる。

自分という存在は、この個性ある個人は、実は死んでも死なない。たとえ肉体はなくなっても、自分の本質である心（魂）は、本来の世界に還り、その本然の姿に還るだけなのだ。その世界に戻れば、もちろん仕事もあり、使命もあり、生きる歓びもある。

そして、時期がくると、また地上（この世）に生をうけ、短い人生修行に挑戦するのだ。新しい肉体に宿り、その志を貫くための新しい人生計画を胸に秘めて……。

月刊『ザ・リバティ』（小社刊）誌上において、幾シリーズかにわたって連載された「過去世物語」は、その生まれ変わる個人の幾転生かを、その志のありようを、「この世」に残る史料によって検証しようという試みであった。

本書は、その人気シリーズの中から、日本人として歴史に名を残した11人をピックアップして多少の筆を加えつつ、新たに書き起こした渡部昇一氏の過去世（第一章）を合わせ、過去世物語日本編『志は死なず』として編《あ》んだものである。

だれにとっても、人生は波乱に富んだものである。時代や環境の変化、その影響は大きい。しかし、幾転生、幾十転生を重ねつつ、人は何事かを為してゆく。人とは、そういう存在なのである。

人生、短し。されど、心は永遠なり。志は死なず。

2006年4月

ザ・リバティ編集部

志《こころざし》は死なず

目次

第一章　繁栄をめざす独立不羈の魂

英語学者にして文明批評家／和歌は大和言葉の結晶形／大和言葉が日本人をつくる！／在原業平はホントに「色好み」だったか／青春無頼！　奔放な行動！／漢語的教養を隠した生き方／幕府顧問になった漂流者／ヤヨスはなぜ日本に残ったのか／米国資本主義の「育ての親」フランクリン／精神的「徳」プラス経済的独立／渡部昇一氏も試みた「原文復元法」／四転生に共通するもの／「言葉の天才」しかも国際的教養人／健全なる資本主義精神／「見切りの達人」として／豊かに生きるための独立不羈／「自助努力」が実力をつくる！

目　次

編集協力／光岡史朗

第一章　繁栄をめざす独立不羈の魂

――渡部昇一氏

渡部昇一（1930～）

ベンジャミン・フランクリン（1706～1790）

ヤン・ヨーステン（1556？～1623）

在原業平（825～880）

現代日本を代表する知識人の一人にして硬派の論客、
渡部昇一氏の過去世は、なんと
「古今集」六歌仙を代表する歌人・在原業平《ありわらのなりひら》である。
ついで八重洲《やえす》と呼ばれたヤン・ヨーステン。
さらにはアメリカ「建国の父」の一人であり、
資本主義の「育ての親」ベンジャミン・フランクリンでもあるという。
洋の東西を問わず生まれ変わるこの魂、
いったいどんな使命を担っているのだろう。

渡部昇一（1930～）
上智大学名誉教授。文明批評家。山形県生まれ。上智大学大学院博士課程修了（1955）後、独ミュンスター大、英オクスフォード大に留学。Dr.Phil, Dr.Phil.h.c.（英語学）。フルブライト教授としてアメリカの大学で教鞭をとったあと、71年から上智大教授に。臨教審専門委員、国語審議会委員などをつとめると共に、該博な知識や識見を持つ硬派論客として活躍。幅広い分野で、文明・歴史批評、社会評論などに健筆を振るう。近著に『昭和史』『反日に勝つ「昭和史の常識」』など。

ベンジャミン・フランクリン（1706～1790）
アメリカの政治家・科学者。週刊新聞「ペンシルヴェニア・ガゼット」発行（1727）。アメリカ哲学協会・巡回図書館・消防局やフィラデルフィア大学を創設。新型ストーブや避雷針を発明。ペンシルヴェニア議会の書記や代表、独立宣言起草委員を経て、植民地代表として渡仏。フランスから援助を獲得。独立後も州知事、憲法制定会議などで活躍した。

ヤン・ヨーステン・ファン・ローデンスティン
［八重洲］（1556?～1623）
オランダの航海士・貿易家。ロッテルダム組合の東洋派遣船隊のリーフデ号に乗り組み、1600年に豊後に漂着。イギリス人航海長ウィリアム・アダムス（三浦按針）と共に、家康によって外交・貿易顧問として用いられ、日本に定住。最期は帰国を思い立ったが、インドシナの東海パラセル群島で難破した、との説もある。

在原業平（825～880）
平安初期の歌人。六歌仙の一人。平城天皇の皇子・阿保親王の五男。母は桓武天皇の皇女・伊都内親王。近衛将監・蔵人・右馬頭などを経て右近衛権中将（875）。一説には蔵人頭にまで上ったともいうが、政治的には不遇であった。純情多感な性格ゆえか、その和歌は人間の真実や愛情の美しさをうたったものが多い。これらは王朝貴族の生活や美意識の結晶とされ、人々の憧れの的となる。また、『伊勢物語』の主人公として物語られた。

英語学者にして文明批評家

世の識者をして「現代の福沢諭吉」とも言わしめた渡部昇一氏。英語学の権威でありながら、広く文明を洞察し、常に近未来の指針を提言してきた、日本を代表する知識人の一人である。

渡部氏の著作や発言は枚挙《まいきょ》に暇《いとま》がないが、専門領域を除けば、知的生活のあり方、日本の歴史、さらには政治、経済、軍事と、実に幅広い。が、中でも「やまとことば」への造詣《ぞうけい》の深さは尋常ならざるものがあることは、万人が認めるところだろう。

和歌は大和言葉《やまとことば》の結晶形

今の日本語は、大和言葉と外来語が混じり合っている。外来語とは、いわゆるカタカナ語だけではなく、漢語も含む。大和言葉とは、『古事記』『日本書紀』以前から、日本人が使い続けてきた言葉をいう。

例えば「故郷」を「ふるさと」と訓で読めば大和言葉であり、「こきょう」と音で読めば漢語（外来語）となる。これらの論は『渡部昇一の日本語のこころ』（注1）からの受け売りだが、この書において渡部氏は大和言葉の大切さを縦横無尽に説く。

例えば氏は「なぜ日本人だけが、桜の花に感激するのであろうか」と問う。そして、言魂《ことだま》の極致としての和歌を挙げる。「日本人は日本語の中に生まれるのであって、単に意志伝達の道具として日本語を学ぶのではない」と。「自然界にある桜花の美がわかる前に」「紀友則（注2）をはじめとする無数の詩歌の中に、散りゆく桜の美を……見ていたからこそ」「散りゆく花びらに感銘を受けるのである」と。

（注1）ワック出版
（注2）久方の　光のどけき　春の日に　しづ心なく花の散るらむ　紀友則『古今和歌集』

大和言葉が日本人をつくる！

つまり大和言葉こそが日本人のメンタリティーをつくる「精神的私有財産」であり、日本人のアイデンティティーそのものである、と。

氏はこの論をすすめ、たとえ外国人（帰化人）であろうと、大和言葉のみで和歌をつくることができれば、「私以上に本物の日本人だ」とまで言う。なぜなら、その人は「言霊《ことだま》の霊威に与《あずか》ることができるほど日本化した」のであり、「生物学的な繋《つな》がりより」「もっと強い精神的・霊魂的同胞感」がそこに生まれるからだという。

そうした氏の主張は、もちろん英語をはじめラテン語にまでさかのぼる言語学研究の成果でもあろうが、それだけではない魂的なもの、もっと心の奥から出てくるものを感ぜずにはいられないのだ。

在原業平はホントに「色好み」だったか

六歌仙の一人として、さらに『伊勢物語』の主人公「色好みの貴公子」として知られ、日本の元祖プレイボーイとされる在原業平。『源氏物語』のモデルともいわれるこの色男の実像は、実はよくわかっていない。

ただ菅原道真らによって書かれた『三大実録』には、次のように記されている。

体貌閑麗、放縦《ほうしょう》にして拘《かか》はらず、略《ほ》ぼ才学無し、善く倭歌《わか》を作る
（元慶四年五月二十日・在原業平卒伝）

「体貌閑麗」とは、ハンサムのこと。業平は平城天皇の孫だが、父（阿保親王）の母も、母（伊都内親王）の祖母も、いずれも百済系帰化人である。現代で言えば、ハーフやクォーターのモデルのような美貌の青年皇族だったようだ（注3）。

（注3）今井源衛『業平――三代実録の記述』

青春無頼！　奔放な行動！

さらに彼は「放縦にして拘はらず」つまり「唯々として慣習や典礼に従うことのない、きわめて奔放な行動や不羈の態度」（注4）を見せていた。こうした容貌や態度が、当時の人たちには「青春無頼の行動」（注5）と映ったようである。

が、これには理由があった。彼の生まれる前のことだが、祖父の起こした「薬子《くすこ》の変」に父も連座して大宰府に流されている。ついで業平18歳のときの「承和の変」では、父が密告者としてかかわってしまう。

これでは、政界のアウトサイダーとならざるを得なかったであろう。実際、彼の官歴を見ても、従五位下（25歳）から従五位上（38歳）に叙されるまで、実に13年間もかかっている。「脱体制」でもして、風流の道にその本領を発揮するしか手がなかったのではないだろうか。

そして、「略《ほ》ぼ才学無し」とは「全然だめ」という意味である。当時の「才学」とは、政

京都大学付属図書館所蔵　奈良絵本コレクション『伊勢物語』。

治向きの中国の本（漢籍）が読めるかどうかという意味。菅原道真らのような真面目人間には、そう見えていたのだろう。

（注4）鈴木知太郎「在原業平」（『王朝の歌人――和歌文学講座6』所収）

（注5）目崎徳衛『平安文化試論』

漢語的教養を隠した生き方

しかし実際は、才学がないどころか、「業平の和歌には漢詩の影響が強い」「中国の漢詩を勉強していることが、よくわかる」「今で言えば英語が上手で、外国の最新流行の文学を取り入れて大変モダンな作品を書く、そういう人」（注6）であった。

そして最後に菅原道真らは「善く倭歌を作る」とたたえている。これだけは認めざるを得なかったのか……。「ありわらのなりひらは、その心あまりて、ことばたらず。しぼめる花のいろなくて、にほひのこれるがごとし」と、業平を紀貫之《きのつらゆき》は評した（『古今集』仮名序）が、これは「大和的なものと百済的なものとの相克の一面を示したもの」（鈴木知太郎・前掲書）ともいわれる。

業平は、百済風でないものは「くだらない」といわれた時代に、あえてカッコいい百済ぶりは排して、ひたすら大和言葉の世界を追究したのではないだろうか。大和ぶりのほうがカッコいいのだ、と。

世の中に　たえて桜のなかりせば
春の心は　のどけからまし　　在原業平

（注6）山本登朗「『伊勢物語』の成立と展開」（『見果てぬ夢』所収）

幕府顧問になった漂流者

1600年4月。天下分け目の関ケ原の戦いの半年ほど前、貿易船リーフデ号は九州豊後（現・大分県臼杵市）に漂着した。乗組員110名のうち、生存者は24名。そのなかにウイリアム・アダムス（三浦按針）とヤン・ヨーステン（八重洲）がいた。

このときヤン・ヨーステンは「40歳代」で「相当の教養をそなえていた人物」（注7）であったという。

東京駅八重洲口を出たところにあるヤン・ヨーステンを記念したレリーフ。

やがて二人は徳川幕府の外交・貿易顧問として家康に仕え、三浦按針は日本橋に屋敷を構え、三浦半島に知行地を与えられた。

一方、ヤン・ヨーステンは現在の東京駅丸の内口の反対側に屋敷を与えられた。「ヤン・ヨーステン→ヤヨス→八重洲」というわけで、この地は彼の生存時から「八重洲河岸《やえすがし》」と呼ばれるようになったという。

この外交・貿易顧問というのはかなりの重職で、ヤヨスの知行は千石であり（注8）、その仕事は日蘭・日英貿易の促進であったという。

ヤヨスは、二代将軍秀忠がオランダ人を謁見する際に同席したり、平戸のオランダ商館やイギリス商館の利益を守ったり、ときには駿府の家康に呼ばれて世界情勢を語ったりもしている。

（注7）ヨーゼフ・クライナー『江戸・東京の中のドイツ』安藤勉訳
（注8）「五十人扶持」、つまり百石前後とする史料もある。

ヤヨスはなぜ日本に残ったのか

その一方で、ヤヨスは現在のベトナム、カンボジア、タイ、マレーシアなどに20回以上も渡航し、個人的な交易も行っている。彼個人が、日本国の正式な海外渡航免状（ご朱印状）

を持っていたからだ。そこから得た巨利は、スペイン・ポルトガルのアジアでの国家貿易や、蘭英の東インド会社の利益にも匹敵するほどの、まさに一個人の身には余るものであったという。

つまりヤヨスは、彼の日本人妻や娘と共に、何不自由ない暮らしをしていたのだ。一時期は、彼の弟ヤコブも八重洲の屋敷に居候していたというから、帰国したければいつでも可能ではあったのだろう。

ところで、そんな巨利を得ながら、彼はその元手として借りた金を返さないという噂もあった。あるとき三浦按針にむかって家康が、ヤヨスは「借金を同胞オランダ人の債権者に返済すべきではないのか」と皮肉を言ったとも伝えられている。が、事実はわからない。

ともあれ、当時は東インド貿易にやってきたオランダ船の4分の3が無事には帰れなかった時代。ところが、ヤヨス所有の帆船は「一隻たりとも失われることがなかった」ほど、彼の「航海者としての能力」は高かったという。

が、ついにその日はきた。1623年初秋、バタヴィア（現・ジャカルタ）から日本へ船出したヤヨスの船は、南シナ海西沙諸島の暗礁に乗り上げ、彼は行方不明となった（注7）。

米国資本主義の「育ての親」フランクリン

アメリカが、いまだイギリスの植民地だったころ、ベンジャミン・フランクリンはボストンに生まれた。印刷工から身を起こし、新聞を発行し、哲学者・経済学者・科学者・政治家として生き、アメリカ独立宣言起草委員となった彼は、ときには義勇軍連隊長まで務めている。しかし、人は彼を「アメリカ資本主義の育ての親」と呼ぶ。それは、なぜか。

フランクリンの生き方をひと言でいえば、「無限の向上心」であろうか。もちろん、勤勉努力と合理精神を踏まえてのものだ。若い時代こそ人を信用しすぎて裏切られることもあったが、そのたびに再起し、決して暗く落ち込むことはなかった。

あくまでも自分に正直に、相手に誠実に、着々と人生を築き上げてゆく……。

精神的「徳」プラス経済的独立

彼は「十三徳」といわれる道徳や戒律を自らに課したこともあった（注9）。が、そうした精神的修養だけでなく、何事かを始めるときは常に経済的裏づけを重視したところが、彼の非凡さであった。

22歳で印刷の組合をつくってから彼の社会的活動は本格化するが、図書館や大学をつくったときも、各宗派共用の集会場を建てたときも、義勇軍を組織したときも、彼はまず「提案書」を起草した。そして目的物の必要性・利便性だけでなく、その経済的分担や費用の合理性を必ず説いた。

それは、彼の経済的自立・独立を求めた苦闘の青春時代の成果であり、経済的合理性への天才的洞察力の表れでもあった。このあたりが、「資本主義の育ての親」といわれる所以でもあろう。

さらにフランクリンは、その主張や文章の展開においても、「これなら可能だ」と人々を納得させる術を心得ていたようだ。それは、決して自分を前面に出さず、常に人々の総意で成し遂げるのだという文章上のニュアンス（テクニック）であり、ソクラテス哲学から学んだ論理学の応用でもあった。

その基礎となったのが、彼が15歳のころに自得した「文章上達法」である。それは、「スペクテイター」という日刊紙の中の「立派な文章」を真似ることであった。一度読んだ名文の意味だけをメモしておき、何日か経っ

てからその再現を試みる。原文と見比べては直し、また書く……というやり方（原文復元法）であった。

その結果、彼は「相当な文章家」（注10）になれただけでなく、「思想を整理する方法を学ぶことができた」（注10）という。

（注9）「節制」「沈黙」「規律」「決断」「節約」「勤勉」「誠実」「正義」「中庸」「清潔」「平静」「純潔」「謙譲」

（注10）『フランクリン自伝』

渡部昇一氏も試みた「原文復元法」

実は渡部昇一氏も、その英文修行においてはフランクリンと全く同じ方法を用いていたのだ。以下は氏の『続・知的生活の方法』からの引用である。

ところで私の英文修業ということになるが、それはフランクリンの方法をもっと簡単にしたものであった。フランクリンは……文章の要約的ヒントを復元するということをやったわけであるが……（私は）単純に英文和訳し、和訳から復元する、という方法を取ったのである。

四転生に共通するもの

在原業平、ヤン・ヨーステン、フランクリン、そして渡部昇一氏。この魂の共通項として言えるのは、とにかく知的な魂である、ということだ。

業平は六歌仙のなかでも、群を抜いてたくさんの名歌を詠んでいる。ヤヨスも「相当な教養の持ち主」であり、漂流者にもかかわらず幕府の厚遇を得て日本で暮らした。

フランクリンは片手間の凧《たこ》上げ実験で電気と稲妻の同質性を証明し、イギリス学士院会員にも列せられた。渡部氏に至っては、世の人々に『知的生活の方法』を説いているほどである。

ちなみに渡部氏は自身の過去世が在原業平やフランクリンであることを大川隆法・幸福の科学総裁から明かされて、次のように感想を述べている。「『伊勢物語』というのは、古典で始めから終わりまで読んだ最初の本なんです(笑)。(中略) うーん、フランクリンはたいへん好意を持っていますね」(大川隆法『フランクリー・スピーキング』小社刊より)

「言葉の天才」しかも国際的教養人

フランクリンは英文だけの達人ではない。27歳から外国語の勉強を始め、フランス語、イタリー語、スペイン語とマスターし、その後、8歳のとき一年足らずでやめたラテン語に再挑戦したところ「思ったよりずっとよく分」かったという(注10)。

渡部氏も英語学の教授ではあるが、ドイツにも留学するなどヨーロッパ各国語に堪能である。ヤヨスにしても、日本に20年以上住み続けたわけであるから、日本語を全く苦にしなかったに違いない。

そして業平においても、漢語（唐）や百済系言語文化を踏まえた上での大和言葉＝和歌の才である。

この魂は、言葉の天才なのである。言葉をベースにした教養人であり、国際人なのだ。

ところで、フランクリンは26歳のとき、古今東西の格言や金言などを載せた『貧しいリチャードの暦』を出版している。

「神は自ら助くる者を助く」や「時間の失《う》せ物は間違っても見つかることなし」（注11）など名言にあふれたこのカレンダーは、以来25年にわたって毎年続刊されたという。

また、渡部氏の近著『人生を創る言葉』（注12）には「偉人たちが残した94の名言」が載っているが、この中に、実はフランクリンの言葉が二つも紹介されているのだ。

「今日なし得ることを、明日に延ばすなかれ」（第2章）

「これはわずかなお金で善いことをしようという、私の考えなのです」（第4章）

（ある人に頼まれて10ドル貸したフランクリンは、そのお金を返せるようになったら、自分には返さなくてよいから、他の困っている正直者に貸すよう条件をつけた。その人も、また他の人に貸すように……つまり、善の循環を企画した

のだ）

（注11）「富に至る道」（岩波文庫『フランクリン自伝』所収）
（注12）『人生を創る言葉』致知出版社

健全なる資本主義精神

ちなみに、『人生を創る言葉』の主旨は「個々人が志を立てて、それぞれの道で偉くなれ」……つまり、まっとうな資本主義社会の生き方、その精神を啓蒙するものである。

スポーツ選手だけでなく、最近は新しい事業を興して成功した人を「偉い」というようになってきた。ここ十年くらいで、日本はようやく昭和十五年（１９４０年）前後から続く全体主義的発想から抜け出して、当たり前の考え方ができる国になってきたような感じがするのだ。（注12）

渡部氏は私有財産を尊重することの大切さと、そのためには自由が守られねばならないことの重要性を度々唱えている。そして、この自由を規制しようとする社会主義的精神を唾棄《だき》すべきものとしている。こうした健全な資本主義精神も、フランクリンが過去世であることを考えると、ある意味で自然なものといえるだろう。

「見切りの達人」として

いかに知的で「言葉の天才」の魂であろうとも、歴史に残るような人生を、そうそう地上に生まれ変わるたびに送れるものではない。その意味で、この魂は何かスゴイものを秘めているはずである。

実は、渡部氏はその著『知的生活の方法』のなかで「タイム・リミットをつけて読めば、比較的短時間に『万葉集』でも『古今集』でも通読できる」と言い、その「タイム・リミットの知恵」を「ハマトンの見切り法」とも言っている。

ここで氏は主に学問世界での「見切り」を唱えているが、氏をはじめフランクリンもヤヨスも業平も、「人生の見切り」の達人ではなかったか、と思うのだ。

「見切り」とはすなわち、見極めることであり、勘どころを見抜く直観力であり、それはある種の悟りでもある。つまり、見切りとは、悟性の優れた働きといえる。

例えば業平の場合は、その不幸な境遇から政界・官界での出世を見切り、風流と和歌の道に賭けた。ヤヨスは神聖ローマ・ドイツ帝国支配下の母国（オランダ）に無理をして帰ることを見切り、日本で好きに生きることにした。

そしてフランクリンのビジネスや政治での成功は、自他を完全に見切った上での実行力や交渉力に負うところが大きかったのではないだろうか。

なお、渡部氏の「見切り」は、氏の若き時代からの徹底した学究生活のやり方だけでも、十分に推察されるところであろう。また、氏の日本や世界に対する卓抜かつ新鮮な提言・苦言の数々も、時代・文化・歴史を見切った識見のなせる技であろう。

豊かに生きるための独立不羈

過去世を見る限り、渡部氏の魂の傾向性をつきつめると、いわば戦略的に、理知的・合理的な身の処し方を実行できる性格なのである。

絶妙のバランス感覚といってもいいが、この魂は時代状況さえ許せば、精神的自由と経済的独立を共に手にし、つまり繁栄を実現し、独立不羈の生き方を常に追究してきたといえよう。

こうした渡部氏の独立不羈の精神は、今回の人生においても遺憾なく発揮されている。例えば、1983年にロッキード事件の第一審において田中角栄元首相に有罪判決が下った際、司法関係者をはじめ世論一般はこの判決を大いに支持した。しかし、渡部氏は敢然と判決に疑問を呈したのである。いわく、「弁護人側の反対尋問を許されない外国人の証言を全面的に採用して有罪判決を下すことをここで前例としてよいかどうか」と。

この裁判では、ロッキード事件の共犯者であるコーチャン氏などに、日本の検察と最高裁が証言と引き換えに刑事免責を与え、その証言が田中元首相に不利となって有罪判決へつながった。憲法では被告側の弁護士にその証人に対して反対尋問する権利を与えているが、ロッキード裁判においては田中側弁護人にコーチャン氏らへの反対尋問をする機会が一度も与えられなかったとされる。これに対して渡部氏は「文明国の裁判では『適法手続き』が欠けてはいけないのである」と指摘し、「この裁判自体が違憲行為であったと言えるのではないか」と迫ったのである（注13）。

この直言は、大変な反響を呼んだ。それはそうであろう。当時は田中元首相が有罪であることを支持しなければ、人にあらずというぐらいの雰囲気があった。これに異論を唱えるのはかなりの勇気がいった。それを渡部氏は指摘したのである。独立不羈の魂の面目躍如といえるだろう。

もう一つ例を挙げたい。

１９８２年7月、突如として起きたのが教科書検定書き換え事件だった。これは文部省（当時）が歴史教科書検定にあたって、中国大陸への「侵略」となっていた記述を「進出」に書き換えさせたと新聞やテレビが報道。大騒ぎとなった上に、中国や韓国からも批判の火の手が上がって外交問題にまで発展したものだ。

「日本に都合のいい歴史歪曲を許すな」という糾弾の声のものすごさは、歴史について多様な考え方を発表できるようになった今日からは想像もできないくらいのものがあった。

まさにマスヒステリーである。

ところが、この「書き換え」そのものが虚報だったのである。そして、その事実を「右傾化を許すな」の大合唱の中で、明らかにしたのが渡部氏であった。氏は8月に竹村健一氏がホスト役を務めるテレビ番組に出演するや「〝侵略〟が〝進出〟になった例はひとつもない。新聞はうそを書いている」と、いわば爆弾発言をして、国民の思い込み、マスヒステリーを解いたのだった。実際、当時は「渡部氏対全マスコミ」といった感じになり、周囲の人が渡部氏の身の安全を真剣に心配したことを氏は記している（注13）。

渡部氏は、こうした危険も顧みず事実を明らかにした理由を、「今回のようなことで日本人を北京に土下座させることは、われわれの子孫にも土下座させ続けることに連なる」からとしている。個人の独立と共に国家の独立をも力説する氏の一面がよく出ていると言えよう。

（注13）『萬犬虚に吠える』ＰＨＰ文庫

「自助努力」が実力をつくる！

成功を願い、歴史に名を残すことを夢見る人は多い。だが、現実に成功を手にし、その成功を長く続けるためには、その成功に見合うだけの実力が必要だ。その実力は、天与のもの、というよりも、努力によってこそ養われる。

自らの努力を通じて自分の成功だけでなく、アメリカの独立、経済発展に寄与したフランクリン。そして、日本の素晴らしさを啓蒙すると同時に、日本人に自助努力の心の大切さを説き続ける渡部昇一氏――。

何事にも自分流のやり方で、その対象が何であれ臆することなく、着実に歩を進めてゆくという稀な魂なのである。

第二章　希代の名君と天才企業家
――本田宗一郎

本田宗一郎（1906～1991）

上杉鷹山（1751～1822）

経済大国ニッポンの推進役の一人だった、
「カミナリおやじ」本田宗一郎の前世は
「リストラの先駆者」上杉鷹山《ようざん》公であるという。
片や豪放磊落《ごうほうらいらく》、片や質素倹約の対照的なイメージ。
ふたりは、ほんとうに同じ魂なのだろうか……？

本田宗一郎（1906～1991）
本田技研工業の創業者。修理工から二輪車メーカーを起こし、やがて四輪市場へ進出。世界的自動車メーカーとして高度成長を支える。排気ガスの有害性（公害）が問題となった70年代、CVCCエンジンを開発し、世界で最初に基準をクリア。理論尊重の技術開発を企業思想として発展。天才技術者、ユニークな経営者といわれた。

上杉鷹山（1751～1822）
日向国高鍋藩主・秋月種美の二男。幼名・松三郎あるいは直松ともいう。10歳のとき米沢藩主・上杉重定の養子となり、上杉直丸勝興と改名。17歳で米沢藩を継ぎ、将軍家治の一字をもらい、名を治憲とする。藩政改革を推進し、藩財政を建て直す。35歳で隠居。52歳で総髪し鷹山と号した。

アッと驚く転生輪廻

いまやトヨタに次ぐ国内第2位の自動車メーカーとして、連結売上高10兆円突破も視野に入り始めたホンダ。その創業者として世界に名を馳せた本田宗一郎は、まさしく現代の英雄の一人である。

幸福の科学の霊査によれば、その前世は、なんと18世紀の米沢藩主で名君の誉《ほまれ》の高い上杉鷹山である。

80年代末からのバブル崩壊後、「リストラの名君」として大ブームとなった鷹山は、質素倹約の権化のような「清貧」のイメージ……。一方、宗一郎は「ネアカの大将」といわれる豪放な人。全く違うタイプとも思えるのだが、果たして実際は？

技術屋の理想像

現在の浜松市天竜地区（旧天竜市）で鍛冶屋の長男として生まれた宗一郎は、幼いころから機械や鉄クズいじりが大好き。当時は珍しかった自動車が町へやってくるとあとを追いかけ回し、米軍の複葉機の飛行ショーがあると聞けば学校を休み、父親の自転車を勝手に持ち出して三角乗り（注1）で20キロを走破。入場料を払わないと中に入れないと知ると、お金を持たない宗一郎は近くの松の木に登って飛行機を見た。

高等小学校を卒業するころには自動車修理工場で働きたくなり、雑誌に載っていた東京の修理工場の募集を見るや、弟子入り志願をして小僧となる。

それからは「スパナを夢に見た」というほどの熱心さで毎日夜中まで働き、自動車の修理に精通。6年後に独立して郷里の静岡県浜松で修理工場を開くと、宗一郎は弱冠22歳で毎月千円以上稼ぐまでになる（一生で千円貯めるのが夢と言っていた）。

若くして成功者の仲間入りをしたわけだが、それでも宗一郎の情熱は冷めない。修理だけでは飽き足らず、自動車そのものを作ってみたくなったのだ。そこでピストンリングの製造を始めるが、ここで初めて大きな壁に突き当たる。

（注1）サドルに座っても足がペダルに届かないため、フレームの中に片足を入れて、片手をハンドルに、もう片方でサドルを抱いて漕ぐ乗り方。

「知識」を得て限界突破

「一生のうちで最も精魂をつくし、夜を日に継いで苦吟し続けたのはこのころである」

宗一郎自身、こう振り返るように、ピストンリングの製造には文字通り心血を注いだ。夜中の2時3時まで鋳物《いもの》の研究に励み、工場で作業しながら妻にひげをそらせるほど時間を惜しんで働いた。しかし仕事はさっぱり進展せず、社員も50人以上いたため、資金繰りが苦しくなった。

なぜ熱意と努力をもってしても道が開けないのか――。考え続けた宗一郎は「鋳物の基礎知識が足りない」ことが原因だとひらめいた。

気づくや宗一郎は猛然と勉強を開始。近くの浜松工専（現静岡大工学部）に10代の学生に交じって31歳の宗一郎が学生服を着て通い始めたのだ（試験を受けないので2年後に退学になるが勝手に通い続け「月謝がタダになって丁度いい」などと言っていた）。

さらに、疑問を解決すべく、東北帝国大学、室蘭製綱所、北海道帝国大学などへ次々と押しかけて勉強し、ついにピストンリング関係で特許を28も取ってしまうほどの専門家になる。倒産の危機は去り、宗一郎は「浜松のエジソン」と呼ばれるほど有名な発明家になった。

戦後はその会社をトヨタに売り、1年間遊んで暮らしたが、旧軍の通信機用の小型エンジンを安く買い集め、原付自転車を考案。ブリキの湯タンポを燃料タンクに改良したシロモノだったが、実によく売れたという。本田技術研究所の誕生である。やがて手持ちのエンジンがなくなると、自らエンジンを開発。二輪車メーカーとして本格始動し、今日の基礎を築いた。

大貧乏藩へ養子・婿入り

九州の小藩の二男に生まれた鷹山は、「発明に優れ」（注2）た子供だったので、10歳で越後の名将・謙信を藩祖とする名門、上杉家（米沢藩）の養子となり、17歳で藩主となった。しかし、当時の米沢藩は領国（版）も領民（籍）も幕府に返そうとしたほどの破産状態にあった。

無敵の武将・謙信を藩祖とする上杉家が、なぜここまで没落したのか……？

秀吉によって会津120万石に移封された謙信の後嗣・2代目景勝が、関ケ原で西軍側について、結果として米沢30万石におとされた。さらに4代目綱勝が跡目を決めずに急死したため、半分の15万石に減封。収入は激減したが、家臣はほとんど減らず、120万石のときとほぼ同数。この莫大な人件費に加え、5代目（養子）となったのが忠臣蔵で悪名の高い吉良上野介の実子・綱憲であり、この父子の贅沢三昧の浪費が破産状態を招いたという。以後、藩士の給料も満足に払えず、9代目重定に至り、ついに版籍奉還さわぎ。最後の切

宮崎県高鍋町美術館にある上杉鷹山の胸像（上）と
「なせば成る……」の言葉が刻まれた石碑（下・山形県米沢市。上杉神社境内）。

り札として迎えられたのが、10代目の鷹山であったのだ。

そこで鷹山は、まず江戸詰の家臣らと心を合わせて改革案を企画。本国米沢へ乗り込むと家臣団を説得し、自らも大倹約。悪戦苦闘しつつ藩士や領民たちと開拓や産業づくりに励み、ついに米沢藩のリストラに成功するのである。

「なせば成る　なさねば成らぬ何事も　成らぬは人のなさぬなりけり」という鷹山の言葉は、現代にも立派に通用する。

ただし、鷹山のリストラとは、単なる人減らしや倹約一辺倒ではない。田畑を拓き、産業を興し、夜逃げや間引きで激減した農村人口の回復を目指した。いわば彼は「企業家」であり、その精神は宗一郎に通ずるのである。

（注2）「発明に優れ、ことに孝心が深い。遊びも普通の子供と違っている。……学問好きで人柄が非常に清潔だ」（米沢藩主・上杉重定の従姉妹に当たる、鷹山の祖母・豊の言）童門冬二「上杉鷹山『藩主は民の父母たれ』」（「プレジデント」93年3月号所収）

既成概念との戦い

一方、宗一郎の戦いは、「絶対ムリ」という固定観念を「必ずできる」という信念によって打ち破ることであった。例えばマン島ＴＴレースやＦ１の制覇、ＣＶＣＣエンジンの開発など、枚挙に暇《いとま》がない。そもそもマン島のTTレース挑戦は、株式公開を果たした年に、倒産の危機に直面したことがきっかけだった。資本金6千万円の状態で15億円もの設備投資をして、さらなる発展を狙った矢先、不景気で二輪メーカーが相次いで倒産。ホンダも主力商品が軒並み販売不振に陥り、期待の新型ドリーム号は技術上の問題で苦情が続出。たちまち資金繰りに行き詰まってしまった。

しばらくして技術的な問題は宗一郎が不眠不休の努力で解決。資金的な問題はパートナーの藤澤武夫が銀行や協力工場に頭を下げて倒産を回避したが、深刻だったのは従業員の士気だ。「世界的なメーカーになると聞いていたのに、倒産寸前とはどういうことか」と意気消沈してしまったのだ。

そこで藤澤はモーターサイクルのオリンピックとされる「マン島のTTレースに出場し優勝する」という目標を掲げた。宗一郎も常々世界一を目指してきただけに、すぐにこの目標に乗った。しかも経営危機の真っ最中だというのに、欧州のレース事情の視察旅行に出てしまった。

これでシュンとしていた現場の空気がピシっと引き締まった。そして、レースに勝つためにさまざまな創意工夫を重ねるようになり、5年後の1959年にマン島レースに出場。7年後には1~5位を独占する快挙を成し遂げてしまう。

ちなみにこの戦略はホンダのお家芸となり、64年に四輪に進出した際も、期待の新車が売れずに社員が意気消沈したとみるや、F1出場宣言をして社内を活性化している（早くも67年にF1で優勝した）。

鷹山の場合も、最大の敵は「武士階級が、わけても上杉家中の侍が百姓仕事などできようか」という強固な既成概念の壁であった。しかし、驚くべき忍耐力と藩士たちへの思いやりで、鷹山はこの心の壁をコツコツとたたき続けたのだ。

技術への投資

前述のようにホンダの資本金がまだ6千万円の時代に、宗一郎は4億円以上の工作機械類を欧米から輸入し、勝負をかけた。その投資総額は15億円。しかも昭和28、29年の不況とぶつかって支払いには苦労したが、これは世界技術に挑戦するための必要経費であった。

一方、作物はとれてもその作物を製品化できない米沢にあって、鷹山も技術のためには投資を惜しまなかった。縮布師（注3）は越後松山から、藍作師（注4）は仙台からというように、技術者を家族ごとグループごと、破格の待遇で招いている。「技術」に対する二人の思いは同じだ。

（注3）小千谷ちぢみの技術者。
（注4）藍染めの藍（あい）作りの技術者。

ホンダ初期のヒット作「ドリーム号」にまたがる宗一郎。

現場の人間を愛する

一歩工場に入ると、宗一郎は一技術者となった。だれとでも本気で話し、意見を聞いた。ときには「カミナリおやじ」と化すが、次の瞬間にはカラリと晴れていた。

そして66歳でサッと社長を退くと、世界のホンダの全従業員にお礼を言う「大行脚《だいあんぎゃ》」の旅を始めたのだ。1年半かかったが、たとえ2、3人の離島の店でも、嵐の日でも、彼は「ありがとう」と握手するために、全国・全世界のホンダに足を運んだ。このとき、油まみれの手で握手を遠慮する従業員を、「この手がホンダを支えてくれている」と言って構わずに握ったという。

鷹山も、改革を始めるに当たり、足軽までの全藩士に自ら方針を説明。だれかが開墾を始めると、必ず出向いて「籍田の礼」(注5)を行い、一人ひとりに酒を注いで回った。

また、藩士たちが直した橋を渡るときは馬を降り、歩いて渡ったともいう。現場の人間が自己変革してくれたことへの感謝の心遣いであった。

(注5)「古代中国の周代の方式によって行われる、田に対する礼の儀式」童門冬二『上杉鷹山と細井平洲』(PHP文庫)

何事にも誠意で当たる

宗一郎の率直な人柄は、必ず相手の本音を引き出したという。本人にごまかしがないので、相手もごまかせないのだ。

「誠意を尽くせば、相手も、誠意をもって応えてくれる」――これは宗一郎の言葉だが、実はこれは、まるで鷹山の言葉のようでもある。

鷹山は相手の藩士の立場を思いやり、彼らに自主性が芽生えるのをじっと待った。重臣が反乱したり、頼みの執政・竹俣当綱《たけのまたまさつな》が堕落するなどさまざまな事件はあったが、彼の誠意はやがて大輪の花を咲かせたのである。

その鷹山の考え方を示すものに、有名な「伝国の辞」（1785）がある。35歳で家督《かとく》を自分の子でなく世子・治広（前藩主の子）に譲るときに説いた三カ条の「心得」であるが、その後、代々上杉家当主に引き継がれたという。

「一、国家（藩）は先祖より子孫に伝え候国家にして、我、私《わたくし》すべきものには之《これ》無く候　一、人民は、国家に属したる人民にして、我、私すべきものには之無く候　一、国家人民のために樹《た》てたる君（藩主）にて、君のために樹てたる国家人民には之無く候」（注6）

これは当時としては画期的な思想であった。「藩主はそこの藩民を私《わたくし》し、単なる税源としてしか考えていなかった」「領民の人格を全く無視していた」（童門冬二『上杉鷹山の経営学』ＰＨＰ文庫）時代にあって、鷹山は今日にも通じる民主的な考え方を実践していたのである。後に内村鑑三は、米国で出版した英文の『代表的日本人』で、鷹山とこの思想を紹介している。

（注6）一、国家（藩）は先祖から代々伝えられたものであり、藩主の私有物ではない。一、領民は藩に付属するものであるから、やはり藩主の私有物としてはならない。一、藩主は藩や領民のために存在するものであり、藩主のために藩や領民が存在するのではない」（百瀬明治氏・意訳『解説&ビジュアル上杉鷹山』PHP文庫より）

二人の宗教観は？

この二人の生きざま、その信念の強さは、一種宗教的な輝きさえ放っている。しかしある本田宗一郎論によれば、彼は徹底した無神論者で、自分の葬式も戒名も遺言で拒否したという。ところが長年秘書を務めた原田一男氏によれば、葬式をしなかったのは「自動車を作る会社の経営者が、交通渋滞を起こしてはならない」との意図だったという（注7）。

実際、彼は20代のころは禅寺で読経に励み、「無一物無尽蔵」（注8）という言葉を大切にしていた。

「神は決して苦しみだけをよこさない。……苦しみが大きいほど、迫りくる楽しみも大きいものだ」（注9）とも語り、夢の中でヒントを得て新技術の発明もしている。守護霊・指導霊といわれる存在からのインスピレーションを受けられる、ピュアな心性を維持できていたのであろうか。つまり、彼は無神論者ではなく、特定の宗教を持たなかったということだ。

一方、鷹山も「いわゆる宗教というものを持ち合わせてはいなかった」（注10）という。

しかし、藩主となり改革を始めるに当たり、彼は藩祖謙信をまつる春日社へ誓詞を奉納（99年後に発見された）し、日照りが続くと自ら雨乞いをして雨を降らせた。また、雨が続いた凶作時には3日間の断食祈願を行い、結願《けちがん》の日には快晴をもたらしてもいる。当時、領民のために藩主自身が食を断つなど「全く未曾有の大事件」であったという。

「彼にとって真の信仰とは、形に拘泥するものではなかった。一念貫くとこ

山形県米沢市上杉神社に立つ鷹山の像。

ろ至誠天に通ずる」(注11) ものがあったのであろう。

(注7) 原田一男『もう一人の本田宗一郎』(ゴマブックス)
(注8)「無一物無尽蔵」生まれるときも死ぬときも人間は無一物。しかし、その裸の人間こそ無限の可能性をもっている、との意。片山修・編『本田宗一郎からの手紙』(ネスコ/文藝春秋) 参照
(注9) 本田宗一郎『得手に帆あげて』(三笠書房)
(注10、11) 安彦孝次郎『上杉鷹山の人間と生涯』(サイエンティスト社)

米国大統領に激賞された男

「ミスター・ホンダという人は、じつにすばらしい人物だ。われわれアメリカ人の生活様式さえも変えてしまった」。これはジョンソン米大統領(当時)が池田勇人首相(当時)に語った言葉だ。バイクといえばカミナリ族の大型車しかなかった米国で、レジャー用に改良したミニバイクを大衆化したことをたたえたものであった。

また、かのJ・F・ケネディ大統領(当時)が日本人記者団の前で、「最も尊敬する日本人は上杉鷹山です」と語ったのは有名な話だ。この魂の生き方は、国際的に通用するものがあるようだ。

「夢の人」と「愛の人」

二人はパートナーにも恵まれた。根っからの技術屋・宗一郎は、「営業・経理・管理」の得意な藤澤武夫（副社長）を得て、心おきなく自らの「夢」の追求に没頭できた。藤澤は、宗一郎と同じ「夢」を実現するため、生涯「影の演出者」（注12）に徹したという。

一方、鷹山には私塾を開いていた細井平洲という良き師がいた。平洲は、人々の実際の役に立ってこそ学問であるという実学の人。塾を開き、大名への講義を務めつつも、江戸の日本橋筋に立っては庶民に直接「辻説法」をした。

鷹山には「治者は民の父母なり」と説き、領民はすべて自分の子と思って愛すべしと教えた。鷹山もよくこたえ、「仁」を磨き「徳」を育み、「愛の人」となることを目指したのだ。

この平洲が鷹山のために書いた『嚶鳴館遺草《おうめいかんいそう》』は多くの読者を得たが、白河藩主・松平定信も感動し、自藩の改革に活用。後に老中となるや将軍に進言し、鷹山の藩財政改革事業を特別に表彰した。

さらにまた、この書は吉田松陰の座右の書となり、また西郷隆盛をして「敬天愛人」思想を発想せしめたともいう。

ともあれ、鷹山は平洲の指導のもとに「愛の人」として成長し、宗一郎は自らの天性のままに「夢の人」として生きた。共通点はたくさんあっても、この生き方のベクトルの違いが、鷹山をして清貧の人に、宗一郎をして豪快の人に……という全く違う印象の人物像をつくっていったのだ。

確かに、人間は永遠の生命を持ち、転生輪廻を繰り返しながら魂修行を重ねて向上を目指す存在だ。だが、たとえ本質（魂）は同じでも、毎回毎回個性的に、多様な人生経験を積みながら、よりダイナミックな、効率的な修行をしている。いや、むしろ異質な生き方や経験を積み重ねることこそが、その人間の器を広げ、価値を高めていくのだ。鷹山＝宗一郎の人生は、そんな魂の神秘を感じさせる転生である。

（注12）西田通弘『本田宗一郎と藤沢武夫に学んだこと』（ＰＨＰ文庫）

コラム

痛快！　本田宗一郎エピソード集

石田退三もうなった

本田宗一郎のパートナーといえば藤澤武夫が有名だが、戦前にトヨタ中興の祖といわれた石田退三とコンビを組んでいたことがある。その石田が、後年こう言った。

「わしはこの年までに恐ろしい男を二人見た」

一人は豊田佐吉で、もう一人が宗一郎だ。石田は、町工場時代の宗一郎しか知らなかったが、驚異的な集中力などの点において世界的な発明家である豊田佐吉と同じものを感じたのだ。

宗一郎をいち早く見出したのは石田ばかりではない。〝経営の神様〟松下幸之助は、従業員がようやく100人に達しようかというころ（1951年）に、ホンダの工場を見学に訪れている。それが社外見学者第一号だったという。

野生児・宗一郎

まだアート商会という自動車修理工場を経営していたころの話。予想外の利益が出たのはいいが、税務調査に入られて多額の追徴課税を食らってしまった。

ある夜、宗一郎は仲間と飲んでいた時、急に悔しさがこみ上げてきて、「これより税務署を襲撃する。後に続け」と号令し、消火栓からホースを取り出すや、税務署を水浸しにしてしまった。

翌日の地方紙の社会面に「アート商会大暴れ」とさんざんに書かれてしまった。

またある時は、仲間と飲んでいるうちに芸者の一人と言い争いとなり、「このなまいきやろう」と芸者を料亭の二階から放り投げてしまった。幸い、電線に引っかかって転落を免れたため、大した怪我をさせずにすんだ。「ひとつ間違えば殺人犯になっていた」と冷や汗が出たと言う。

宗一郎のこの野生味は戦後も変わらなかったようで、ある銀行の受付担当者が青ざめて「窓口にヤクザ風の男がアロハシャツを着て与太《よた》っているので何とかしてほしい」と言うので、上司が行ってみると宗一郎だったという話が残っている。

プラス・ネジの父

宗一郎がマン島レースに出場するために、欧州視察旅行に出た時のこと。ある工場の床に落ちていたプラス・ネジをこっそり拾ってきた。

実はそれまで日本にはマイナス・ネジしか存在しなかった。マイナスではドライバーを使って手作業で締めるしかないが、プラス・ネジなら機械で締めることができる。これでホンダの生産性が飛躍的に上がっただけでなく、全国に広がって、日本の製造業全体に恩恵をもたらした。

しかも、この時、帰りの飛行機で、あまりにも多くの部品を持ち帰ろうとして荷物の重量が10キロもオーバーし、追加料金を取られることに。しかし、目一杯部品を買い込んだためお金がない。係官と交渉するが、頑として受け付けてくれない。

そこでトランクから衣服をすべて取り出して、片っ端から強引に着込んでいき、見事荷物を10キロ分減らしてしまう。重量検査をパスした瞬間、そのやり取りを見ていた周囲の観光客たちから拍手喝采が起きたという。プラス・ネジは、こうして日本にやってきたのだ。

第三章　日本型資本主義の精神の体現者

——二宮尊徳

一倉定（1918〜1999）

二宮尊徳（1787〜1856）

行基（668〜749）

幼いころから父母を助け、
自らの経験・工夫・努力によって、
独自の金融システムと財政再建のノウハウを開発。
荒廃しきった農村や藩財政を蘇生させた男、二宮尊徳。
その過去世は、民衆から「菩薩」と慕われた行基《ぎょうき》であり、
さらに現代にも、カリスマ経営コンサルタント一倉定《いちくらさだむ》として
生まれ変わっていたのだ。

一倉 定（1918 ～ 1999）
「事業経営の成否は 99％社長次第で決まる」という信念のもと、企業の社長だけを熱血指導した異色の経営コンサルタント。大小 5000 社以上を指導し、ワンマン経営を推奨し、多くの高収益企業を育てる。文字通り「社長専門の経営コンサルタント」の第一人者であった。

二宮尊徳（1787 ～ 1856）
一家離散して預けられた叔父の家で夜の読書のための油の消費を注意され、自分で菜種を栽培して油を入手した話は有名。独自の金融互助システムをはじめ、報徳仕法といわれる財政再建を各地で実践。荒れ果てた農村を、農民の精神面から再建した。経営コンサルタントの元祖的存在である。

行基（668 ～ 749）
小さいころから向学心が強く、14歳で出家。法興寺・薬師寺にて修行し、民間伝道の道へ。村里での乞喰伝道を官から禁じられるも、ひるまずに伝道や橋・池溝などの土木工事を展開。731年、弟子たちの出家（正式得度）が許され、政府事業にも協力。745年「大僧正」となる。生前から「行基菩薩」と民衆に慕われた。

二宮尊徳の人生における運命の選択

尊徳すなわち幼名・二宮金次郎といえば、小学校の校庭に立っていた銅像を思い出す人も多いであろう。柴を背負って本を読むチョンマゲ姿の少年だ。戦前は親孝行の代表として教えこまれた（注1）というが、戦後生まれにとっては「貧しくとも勉強した人」くらいの印象か。

江戸時代の末期、相模国小田原藩の栢山《かやま》村に生まれた尊徳は、相次いで両親を亡くし、一家は離散。しかし、よく働きよく学び、「積小《せきしょう》為大《いだい》」（注2）の哲理を実践してわずか5年、20歳にして自家を再興する。蓄財の才があっただけでなく、旅僧の唱える観音経を聞いて「仏の道も人を救う」ことを悟り（18歳）、以後は貯金の一部を名主に託して困窮者に恵み続けたという。

やがて借金に苦しんでいた小田原藩家老・服部家の若党となり、その家政を見事に黒字に建て直した。すると今度は、なんと藩主・大久保忠真が、その分家の下野国《しもつけのくに》桜町領4千

石（注3）の再建を尊徳に依頼。さすがに荷が重く、彼はさまざまな条件を出して辞退する。しかし、藩主は尊徳が繰り出す条件をことごとくのみ、10年計画での再建を命じたのだ。

尊徳の運命の選択は、まさにこの再建を請け負ったこと。が、実はその3年後、彼は真の選択を迫られることになる。

農民出身の尊徳に全権を託すだけあって、桜町領の荒廃ぶりは田畑も人心もすさまじいばかり。さらに農民や役人の一部は尊徳のやり方に反対し、ことごとく邪魔をする。辞表も受理されず、困り果てた彼は初詣にかこつけて姿を隠し、領民も小田原藩も大騒ぎとなった。

そのとき尊徳は、実は成田山新勝寺にこもり、21日間の断食行に入っていたの

小田原城天守閣。

だ。そして、彼はひとつの悟りを得る。何事を成すにも反対者は出るものだ――この「不動心」の獲得こそ、彼にとっての運命の選択となったのだ。

現場に戻った尊徳は、桜町領を見事に復興。その噂は全国に広がり、さまざまな藩や農村の指導者が尊徳の仕法（再建法）を求めて門前市を成した。そして彼は、ついには幕府役人にとりたてられ、利根川分水路の検分や日光神領の荒地開拓計画を任されるまでになるのだ。

（注1）「柴刈り縄ないワラジをつくり親の手をス(助)けおととを世話し兄弟仲よく孝行つくす手本は二宮金次郎」（小学唱歌）
（注2）小さいことを積み重ねることによってこそ、大を成すことができる、という考え方。
（注3）現栃木県二宮町と真岡市の一部。

尊徳の過去世は、奈良時代の「行基菩薩」

「だんじり祭り」で有名な大阪・岸和田市。その山手地区では、毎年10月にだんじりを出す。久米田池にまつわる行基への感謝祭である。

今でも慕われるこの「行基さん」こそ、二宮尊徳の過去世だ（幸福の科学の霊査による）。

久米田池をはじめ灌漑《かんがい》のための池溝、橋や港、そして行き倒れを救う「布施屋」の建設運営など、社会事業（注4）に大きな足跡を残した行基。

各地を周遊しながら法を説き、大規模な土木事業を起こし、そのとどまるところに道場（寺）を建立して拠点とする彼の活動は、布教と経済発展、すなわち人々の心と現実の救済を一体化させた、まさに菩薩行であった。

14歳で出家し、法興寺《ほっこうじ》（飛鳥寺）や薬師寺で修行した行基は、当時法興寺の禅院で法を説いていた道昭の影響を受けたものと思われる。道昭は入唐《にっとう》して玄奘三蔵（注5）のもとで修行した僧で、各地を回りながら井戸を掘ったり橋を架けたりしていたのだ。

やがて30代半ばで生国（注6）に戻った行基は民間布教を開始し、生家を「家原寺」と名付けた。途中、母の療養と服喪のため数年山にこもるが、あとは門弟を連れて各地を行脚。ほどなく門弟は千人、毎日数千人から数万人の民衆を集めるほどになる。

この行基集団を危険視した時の政府（藤原不比等《ふひと》・注7）は、天皇の詔《みことのり》による禁令を二度も出すが効果はなく、聖武天皇（右大臣・橘諸兄《もろえ》）の代になると、天皇自ら「三宝の奴《やっこ》」と称して行基を迎え、政府と行基集団は一体となって東大寺の大仏造営などに力を合わせるのである。

かくして行基は、僧侶の最高位として新設された初代の「大僧正」となった。

（注4）架橋6・直道1・池15・溝6・堤樋3・港2・堀4・布施屋9・寺院49。
（注5）玄奘三蔵は、インドから経典を持ち帰った名僧。『西遊記』の三蔵法師のモデル。
（注6）和泉国大鳥郡

近鉄奈良駅前に立つ行基像（撮影：村上忠博）。

（注7）659～720。奈良時代前期の公卿。父は鎌足。大宝律令（700）の制定に参画し、大納言となる。平城遷都などに尽力。娘の宮子は文武天皇夫人。もう一人の娘の光明子は聖武天皇皇后となり、藤原氏繁栄の基礎を築いた。

世のため人のため、徳をもって人を導く魂

なぜ、行基集団は弾圧されたのか。詔には「指ひじを焼き剥《は》ぎ……百姓を妖惑す」とあるが、これは百済系の薬師《くすし》の家の出であった行基が施した灸や漢方治療が誤解されたもの。また、行基は天眼ともいわれ、人の前世を見通す力があった（『日本霊異記』）ともいうが、これは行基の場合は悟りの高さを示すものであろう。さらに当時は布教自体も制限されており、僧のふりをして課役を逃れる農民も多かった。だから民衆を大動員する行基集団は、律令体制を破壊するものと映ったのであろう。

しかし、その実態はまるで逆であった。

そもそも治療を施す布施屋は、平城京建設に駆り出された人々や税を運ぶ農民（役民）の行き倒れを救う施設であり、民衆を大動員する灌漑土木工事は、律令制の生産力アップをはかるインフラ整備事業である。しかも、行基の説く心の教えは、人々の「心の飢え」をも救っているのだ。

栃木県日光市（かつての下野国）にある二宮神社（下）とその境内に立つ尊徳像（上）。

こうした行基の「福田思想」（注8）に対して、尊徳は農業や財政の再建は「心の再建」であるとし、人々の「心田」を耕すことを第一とした。

尊徳の再建法の原理は、過去の綿密な調査と「勤労」「分度」「推譲」の3つの実践にある。分度とは、生活（支出）の限度を定め、守ること。そして推譲とは、分度以上の収入は世のため人のための資金として提供すること。その資金運用システムである「五常講」に参加するには、「仁・義・礼・智・信」（注9）を守らねばならなかったのだ。

こうして尊徳の提唱した徳を高める経済活動は好循環を始め、自律的に拡大していくのである。その意味で尊徳は、まさに日本の近代資本主義の父といえよう。

（注8）善き行為の種子をまき、功徳の収穫を得るという大乗菩薩行の利他行。

（注9）講の約束を守る「信」、余裕金を差し出す「仁」、正しく返済する「義」、互いに感謝しあう「礼」、成功のため工夫する「智」。なお、「五常講」は世界初の信用組合でもあった。

仏国土建設を目指し、日本を救った魂

階級闘争史観に立つ左翼的な史家は、行基を原初的「社会主義者」と規定し、晩年の大僧正就任を「変節」「転向」と非難する。初期の行基集団が朝廷の弾圧に屈しなかったことをもって「反権力」と称するのだが、行基にはそんな意図は全くなかった。彼はただ菩薩行・

利他行を淡々と実践するだけ。一方、行基集団の真の姿を知った政府も、仏法による国家統一のために行基らの力を借りることにしたのだ。

当時、藤原広嗣《ひろつぐ》の乱（注10）をはじめ政情は不安定で、聖武天皇自身も遷都や行幸を転々と繰り返す非常事態。行基の開いた寺にまで行幸されたのは、すでに政府による人民の大量召役は限界を超え、もはや行基集団の技術力と動員力に頼るしか手はなかったからだ。

いわば、上からの鎮護国家思想と民衆の信仰のエネルギーが、「仏国土建設」という目標のもと、一つに結晶したのだ。

かくして危機的状況にあった国家は救われ、奈良仏教は興隆を見た。

一方、幕末までに尊徳の「報徳仕法」によって再建された農村は、実に600村以上に及び、尊徳亡きあとも門人たちの「報徳社」によって活動は全国に広がった。そして尊徳の「積小為大」の哲学と「道徳経済一元」論（注11）の実践は、ついに江戸末期の日本の農村経済を壊滅から救ったのだ。

幕末から維新へ——植民地支配を狙う列強の意図をくじき、独立堅持を支えた日本の経済力は、それがギリギリの体力でしかなかったにせよ、尊徳の働きに負うところ大である。彼の「不動心」が日本を救ったといっても過言ではない（注12）。

ともあれその遺言まで「我を葬るに分を越ゆることなかれ」と分度を守ろうとした尊徳の思想は、質素倹約だけの「清貧の思想」ではない。報徳仕法によって人々は豊かになったのであり、尊徳自身も幕府普請役に出世し、その自己資金はついに一万両とか（注13）。これをもって彼を「金貸し業」と規定したり、ただの「経営コンサルタント」とする説があるが、いずれも違っている。

尊徳の勧めた経済活動の芯には、人々を豊かにすると同時に、人々の徳を高める心の教えがしっかり組みこまれていたからだ。いわば、清く正しく豊かに生きる「清富の思想」を、彼は実践したのだ。

行基と尊徳。二つの魂が実践したのは、精神面からの幸福と経済面からの幸福の統合である。その意味では、経済活動に人々の心を豊かにする価値を導入するという「理念経済」を目指した一歩でもあったといえるかもしれない。

（注10）７４０（天平12）年、藤原氏の衰退を憂慮した広嗣が、天皇の側近から玄昉《げんぼう》・吉備真備《きびのまきび》を排除すべく挙兵した。乱は鎮圧されたが、聖武天皇は転々と遷都するなど政局は混乱した。
（注11）「道徳を忘れた経済は罪悪である。経済を忘れた道徳は寝言である」（八木繁樹「二宮尊徳の生涯」新人物往来社刊『二宮尊徳のすべて』所収）
（注12）佐々木晃「二宮尊徳と成田山」（新人物往来社刊『二宮尊徳のすべて』所収）
（注13）当時の１万両は、３万石の大名の年収と同額。

今世は社長専門のコンサルタント

実は、この魂は日本にまたも生をうけ、その魂の特質を遺憾なく発揮していたのである。1999年3月にこの世を去った故・一倉定《いちくらさだむ》氏である。

日本の産業界では、というより中堅企業の経営者のあいだでは「神様」とまで慕われた名経営コンサルタント。「事業経営の成否は社長しだい」という信念から、経営者だけを対象に情熱的に指導した異色の人でもあった。

それは、氏が若いころ勤めた会社が次々と倒産し、「社長がどうやれば会社はつぶれるか」を悟ったところから事業経営を学んだという変わった経歴に由来するものである（注14）。

そして得た結論が、「事業とは」内部管理ではなく「市場活動である」という消費者本位の経営哲学だ。だから氏は「空理空論を嫌い」、徹底した「現場実践主義」と「お客さま第一主義」をよしとしたのだ（注15）。

「誰でも敬遠したがる倒産寸前の会社を建て直すため」には、「社長と共に幾夜にもわたって眠れない血の出るような苦労をし、金策に走り、業績回復の戦略を練る」のが、氏のやり方であった（注16）。

その人柄に多くの経営者が親しみ、指導を願ったが、その指導は実に厳しく、どんな大社長も子供のように叱られ、ときにはチョークを投げつけられ、そして諭されたという。

経営指導歴は34年、指導した会社は5千社以上。あらゆる業種・業態に精通し、文字通り日本の経営コンサルタントの第一人者であった。氏の前世が、日本の経営コンサルティングの「源泉」ともいわれる二宮尊徳（『モノづくりを一流にした男たち』日刊工業新聞社）であることを思うと、けだし当然という観もあるのだが。

ところで、氏はその生前に「自分の過去世が行基であり尊徳である」ことを知る機会があった。が、ただ静かに「私はそんな立派な人間ではございませんよ」と、笑っておられたという。

（注14）一倉定『経営の思いがけないコツ』（日本経営合理化協会）
（注15）『一倉定の社長学シリーズ』（日本経営合理化協会）
（注16）一倉定『社長の販売学』（産能大学出版部）

第四章　孤高の預言者——内村鑑三

内村鑑三（1861 ～ 1930）

エレミヤ
（前７世紀中頃～前６世紀初期）

日本のキリスト者といえば、
だれもが内村鑑三を思い浮かべるのではないだろうか。
また、近代日本の思想家としても、
福沢諭吉や新渡戸《にとべ》稲造《いなぞう》以上の影響力があったと評価する識者もいる。
それは、彼の全集や選集、評伝などがいまだに出版され、
人気を得ていることでもわかる。
この異才、じつは幸福の科学の霊査によれば、
旧約の預言者の一人、エレミヤの魂なのである。
納得される方も多いのではないだろうか。

内村鑑三（1861 ～ 1930）
高崎藩士の長男に生まれるが、新時代に適応すべく英語を学び、キリスト教と出合う。米国留学によって信仰を高め、明治・大正期の代表的キリスト者となる。特定の教派・神学を持たず、聖書のみに基づく「無教会主義」を唱え、聖書研究と伝道・執筆活動を行う。一部知識人に多大な影響を与え、その門下には矢内原忠雄などの学者をはじめ、志賀直哉、有島武郎など文学者も多い。

エレミヤ
（前７世紀中頃～前６世紀初期）
エルサレム郊外に祭司の子として生まれた。２０歳をすぎてまもなくヤハウエ神の召命を受け、以後「預言者」として活動。「北から禍が来る」と預言し、本来のヤハウエ信仰を説くが、偶像崇拝はやまず、ついに南王国ユダはバビロニアに滅ぼされる。
２度のバビロン捕囚で残った人々に信仰を説くが、人々はエジプトに逃れ、エレミヤも同行して殉教。常に国を愛し、民と共にあった「悲哀の預言者」。

エレミヤのように

内村鑑三という人には、なぜか悲壮なイメージがある。あえて逆境を往《い》く「魂の信仰者」というような……。

その孤高の生き方を「古代イスラエルの預言者エレミヤの叫びを思わせる」（注1）と洞察力鋭く指摘した人もいる。もっとも、鑑三自身が、『エレミヤ書』をアメリカ滞在中に初めて読んだとき、おそろしく感動してしまったのである。

「私にとって筆舌に尽くし難い感激だった。外来の信仰を信じてから冷え気味だった愛国心が、今や旧《もと》に百倍する力と熱をとりもどした。私は祖国の地図に見入り、その上に伏して涙を流して祈った」（注2）。

まさに魂の不思議としか言いようがないが、その人生を見る時、「悲哀の預言者」「愛国の預言者」と

エルサレムの旧市街地。遠くに岩のドームが見える。

いうエレミヤの形容詞は、そのまま鑑三にも当てはまるのである。
（注1）小原信『内村鑑三の生涯』（PHP）
（注2）内村鑑三『余は如何にして基督教徒となりし乎』（日本の名著・中央公論社）

エレミヤの戦い

エレミヤが「悲哀の預言者」といわれるのは、簡単に言えば、預言者となって30年間、その預言が当たらなかったからである。

そもそも預言者とは、神から言葉を預かり、それを民に伝える者のこと。エレミヤは忠実にその任を果たすのだが、なぜか預言通りに現実は動かない。そこで「ウソつき」「狂人」と人々から罵倒され、命を狙われ、投獄されたりすることになる。

時は紀元前7世紀の半ばごろ。ユダヤの民が住む北王国イスラエル（注3）は前世紀に滅び、南王国ユダ（注4）は周囲を強国に挟まれた上に、初子を犠牲にするモロク崇拝や、パレスチナの先住種族カナン人の神バアルへの信仰など邪教的偶像崇拝全盛の時代。そこで神の怒りが青年エレミヤに下ったのだ。

紀元前626年、エレミヤは預言者として叫んだ。偶像崇拝をやめ、ユダヤ固有の信仰に戻れ、と。さもなければ北方から大いなる禍《わざわい》が来る、と。

レンブラントが描く「悲嘆にくれる預言者エレミア」。アムステルダム国立美術館蔵。

しかし、国民は「災禍我らに来らじ」と冷笑するのみ。

時あたかも強大なスキタイ軍（注5）が南下を始め、まさにエレミヤの警告通りになるかと見えたが、なぜかユダ王国を素通りしてエジプトを攻めただけ。エレミヤは預言者として大失敗を喫したのである。

その5年後。ヨシヤ王により大々的な偶像破壊（申命記改革）が行われたが、これは上からの官僚的改革。民の心まで変えるには至らず、その2代あとのエホヤキム王になると偶像崇拝は完全復活。

そして、最初の預言から23年後、エレミヤは再び預言した。「北から新しき禍が来る」と。果たして皇太子ネブカドネザルに率いられたバビロニア軍が南下、エジプトを撃破して、パレスティナ一帯の覇権を握った。ところがバビロニア本国で国王が急死したため、ユダ王国攻略を前にネブカドネザルは王位継承のために急拠帰国して、結局ユダ王国は無傷。またしても預言は外れたのである。

嘲笑を一身に浴びて嘆く彼に、神は「いま汝を悩ませるのは、あとで汝に益を得させるためである」と答えたという。

その7年後、ついに預言が成就する時が来る。前597年、エルサレムは陥落し、優秀な人材1万人がバビロニアの首都へと連行された（第1回バビロン捕囚）。

次いで第2回バビロン捕囚の預言も成就するが、それは同時に愛する祖国が滅びゆくことを意味していた。預言が成就してもしなくても、やはり彼が「悲哀の預言者」であることに変わりはなかったのである。

（注3）ヘブライ王国の分裂により北部に建国された。南のユダ王国と対立したが、アッシリアに滅ぼされた。

（注4）ヘブライ王国の南部の王国。首都はエルサレム。新バビロニアのネブカドネザル2世に滅ぼされ、住民の多くはバビロンに連れ去られた。

（注5）スキテリアとよばれたカルパチア山脈とドン河の中間に居住した遊牧騎馬民族スキタイ族のこと。

刀を差して学んだ〝ABC〟

桜田門外で井伊大老が暗殺（注6）された1年後、江戸小石川の高崎藩・武家屋敷で内村鑑三は生をうけた。下級藩士の長男であったが、「三たび自己を鑑《かんが》みる」の意味を込めて鑑三と名づけられたという。

実は内村家の祖は、天草の切支丹《きりしたん》征伐で功を挙げた鉄砲の名人。そんな家の子が、なぜキリスト教に親しんだのか――。それは刀を差しながら学んだ〝ABC〟のゆえであった。

高崎藩で英語を学ぶと、彼は12歳で単身上京（明治6年）。有馬私学校英学科、東京英語学校と進み、当時の超エリートとなってゆく。東京英語学校は、明治10年には東京大学予備門となった。つまり、そのままいけば鑑三は東大へ入るはずであった。ところがちょうど新設の札幌農学校が、優秀な学生を集めようと、学費や寮費免除の上に小遣いまで支給という破格の条件で、東大へ進みそうな人材を強力に勧誘。かくして没落士族のエリート子弟たちは札幌へ〝留学〟した。――というのも、当時の農学校はW・S・クラーク博士（注7）の指導のもと、授業から日常生活まですべて英語。さらに洋食・ベッドと徹底し、まるで海外留学と変わらなかったのだ。

当のクラークは「少年よ、大志を抱け」の言葉を残し、わずか1年で帰国。鑑三や新渡戸稲造などの2期生は直接会ってはいない。しかし、校内はまさに、クラーク魂一色。鑑三や稲造は「禁酒禁煙の誓約」はもとより、「イエスを信じる者の誓約」にも署名させられた。かくして札幌神社に「異国の神の撲滅」を祈っていたほどの鑑三も、いやいやながら入信。が、これが彼の人生を決定したのである。

（注6）１８６０（万延元）年3月3日、登城中の大老・井伊直弼が水戸・薩摩浪士により暗殺さる。日米修好通商条約の独断調印や「安政の大獄」による尊攘派の弾圧が原因。

（注7）１８２１～１８８６。アメリカの教育家・科学者。１８７６（明治9）年、開拓使の招きで来日。札幌農学校の創設に尽力し、翌年帰国。キリスト教精神による教育を行い、多くの人材を育成した。

鑑三の信仰生活

やがて4年間首席を通して卒業した鑑三は、北海道開拓使に勤める。が、2年弱でやめて米国に留学。アマースト大学などで学び、帰国後はキリスト教系の学校で教えたり、伝道・講演をしたり……。

そして一高の教師時代に、有名な「不敬事件」（後述）を起こすのである。その後は執筆活動をスタートさせ、明治30年には黒岩涙香（注8）に招かれて「萬朝報《よろずちょうほう》」の英文欄主筆として論陣を張った。やがて社会全般の問題をキリスト教的真理で斬るべく「東京独立雑誌」を創刊。順調に売れるが、突如として廃刊し、より救済に重点を置いた「聖書之研究」を発刊するに至った。

明治16年（1883年）。
開拓使、札幌県御用掛の頃の内村鑑三。
北海道大学付属図書館北方資料室蔵。
明治大正期北海道写真目録収載。

また足尾銅山の鉱毒事件（注9）では、被害者の支援活動に参加。同じく支援した自由民権派の田中正造に「聖書を捨てよ」と迫られるが、逆に「民のすべてが聖書を持つべきだ」と主張した（のちに田中は回心し、その死に際しての遺品は日用品以外は聖書一冊のみであったという）。

さらに現状変革のために社会主義者らと共に「理想団」を結成、「非戦論」（注10）などでも共同歩調をとるが、やがて彼らの本質を知り、論争し、手を切っていく。

例えば、「貧者を救済しようとする社会主義は、神の摂理の一現象ではないのか」と問う婦人解放運動家の福田英子に対しても、「（社会主義は）基督教に似てしかも最も非なる」と言い、「敬虔なし、恭順なし、平和なし」「僕《しもべ》を主に叛《そむ》かせ、子を親に叛かせ……即ち叛逆の精神なり……悪魔の精神なり」（注11）と断罪した。もとより、天上の世界を地上に降ろそうとした鑑三の理想と、唯物論者の論理がかみあうはずもなかったのである。

（注8）１８６２〜１９２０。新聞記者。本名周六。高知県出身、慶応義塾中退。１８９２（明治25）年「万朝報」創刊。１９０１年「理想団」を結成して社会改良運動を行う。日露戦争前に非戦論から主戦論に転じた。『巌窟王』『噫無情』の訳者。

（注9）栃木県足尾銅山の生産増大にともなう鉱毒流出により、１８８０年代の後半から渡良瀬川沿岸農地が荒廃。地元民の抗議にも改善されず、１８９７年以来たびたび農民が大挙上京して抗議行動を起こし警官と衝突。代議士の田中正造は議会に訴え、さらに１９０１年、天皇に直訴した。社会主義者やキリスト教徒らの支援があり、１９０２年には内閣に鉱毒調査会が設置され、予防工事が命じられたが十分な解決には至らなかった。

（注10）はじめ鑑三は日清戦争を「朝鮮のため」と信じて賛成したが、のちに日本の「欲」のゆえと分かり、後年の日露戦争では「非戦論」を唱えた。なお第一次大戦でキリスト教国アメリカに幻滅し、第２次大戦の勃発をも予言した。

群馬県高崎市頼政神社にある内村鑑三の碑。

（注11）鈴木範久『内村鑑三』（岩波新書）

「預言者」鑑三

「其《その》第一は石狩河なり……余は幾回となく独り其無人の岸を逍遥し、あるいは清砂の上に立ち、あるいは葦の中に隠れて余の霊魂の父と語りぬ。

其第二はコンネチカット河なり……楓樹の下に座し、或いは松林の中に入りて、異郷に余の天の父と交わりぬ」（「秋と河」『内村鑑三全集15』）。

この文を読む限り、鑑三もエレミヤと同じく天上界と交信できる預言者的体質であったようだ。実際、鑑三の人生は、エレミヤが天上界によって預言者として生かされたのと同様に、天の意志が大きく働いていたかのように見える。例えば東大へ進むコースを外れてキリスト教教育の札幌を選んだとき。留学先として批評的神学のハーバード大学ではなく、正統な聖書信仰のアマースト大を選んだとき。すべては忠実なるキリスト者・鑑三を生み出すために、天の意志が働いたかのようだ。

一高教師時代の有名な「不敬事件」も同じ。「教育勅語」の天皇署名への宗教的拝礼を拒んだ鑑三だったが、それをマスコミが「一高教師の不敬」と問題にし始めた。校長は鑑三に「宗教的礼拝」ではなく「尊敬の敬礼」であるからと諭し、再度の敬礼の機会

第四章　孤高の預言者

大正7（1918）年ごろ。岩波書店「内村鑑三全集」第31巻より。
北海道大学付属図書館北方資料室提供。

を与えて事態の収拾を図ったが、時あたかも鑑三は悪性の流感で意識不明に。気づいたときには、すでに日本中が大騒ぎになっていたのだ。しかし、その〝悪名〟宣伝でネームバリューが上がり、その後の活動がスムーズにいくようになったのである。どうも「見えざる手」が働いていると感ぜざるを得ないのだ。

理想のために戦う魂

エレミヤは、民のため、国のため、そして神のためにその生涯をかけて、バアルに代表される邪教崇拝と戦った。では鑑三は、いったい何と戦ったのであろうか。

鑑三の人生の目的は、二つの「J」(JAPANとJESUS)であり、「国の為め、基督《キリスト》の為め」であった。つまり、彼が「武士道に接木《つぎき》せる基督教」というときの武士道とは、「愛国心」にほかならなかったのである。そんな鑑三がどこへ行っても衝突したのが、いわゆる「教会」であった。

例えば、留学からの帰国後最初に赴任した新潟の北越学館で、鑑三はエレミヤ記の講義を担当するが、そこで米国人宣教師と何度も対立する。彼らは生徒たちの心には関心がなく、洗礼者の数に合わせて本国から送られてくるドルにばかり関心がいっていたからである。鑑三にはそんな宣教師らの態度が許せなかった。その後もことごとく宣教師(教会)とは対立。自らの良心と神との直結を重視する「無教会主義」は、この延長線上に生まれたのである。

もちろん、「無教会」を強調したことが鑑三たちの信仰の組織的発展を妨げた面はある。それでも日本をキリスト教国にすることはさておき、日本における「キリスト教＝邪宗」観を払拭したという点で、鑑三は功績を残したといっていいのではないだろうか。

なにしろ徳川三百年の間に培われた「切支丹邪宗観」は、明治に入っても根深く残り、切支丹禁制は明治6年まで国策でもあった（ちなみに岩倉遣欧使節団が西洋列強国に不平等条約の改正を拒否されたのも、「信教の自由がない国とは付き合えない」のが大きな理由であった。明治政府の要職にあった横井小楠《しょうなん》も「切支丹に寛容だ」という理由で暗殺される国柄だったのである）。この邪宗イメージを、鑑三は武骨で生真面目なキリスト者としての生き方を貫くことによって、「敬虔なるキリスト教徒」へと一変させたのである。

かくしてエレミヤも鑑三も、その生涯をかけ、「体制的常識」と戦った。それは、世の中の価値観・宗教観を覆す激烈な戦いであった。

確かに妥協を許さぬ精神ゆえに、この魂はいつの転生のときも、「孤高」ではある。が、理想を実現することに生涯を燃やすその姿勢は、ともすれば既成の常識や価値観に流されがちな現代人に、大きな勇気を与えてくれるであろう。

第五章　革命に命を燃やして――吉田松陰

吉田松陰（1830 ～1859）

ヤン・フス（1369 ～ 1415）

黒船による海外密航に失敗。
さらに「安政の大獄」に連座し、
自ら刑場の露と消えることで
「松下村塾《しょうかそんじゅく》」の門人たちを勤王の志士として決起させた、
至誠の人・吉田松陰。
その過去世は、15世紀初め、宗教改革の先駆者として獅子吼《ししく》した
ボヘミア出身の宗教思想家ヤン・フスであった。

吉田松陰（1830 ～ 1859）
長州藩士・杉百合之助の二男。山鹿流兵法師範・吉田賢良の養子となり、9歳で藩校明倫館に出勤。18歳で師範。諸国を遍歴し、米艦による密航に失敗（24歳）。「松下村塾」で門人120名を指導するも、「安政の大獄」に連座して刑死（安政6年）。享年29歳。高杉晋作など志士（門人）多数を輩出した。

ヤン・フス（1369 ～ 1415）
ボヘミア南部フシネツの農家に生まれる。フスの名は、この地名の短縮形に由来。プラハ大学に学び、神学学士、文学修士。1401年、司祭となるも大学に残り、09年学長。02年ベツレヘム礼拝堂でチェコ語での説法を開始。聖職批判をして、宗教改革運動の中心的存在に。教皇庁との関係が悪化し、1415年焚刑。

吉田松陰の人生を決定づけた「討幕論」への飛翔

兵法師範であり思想家でもあった松陰は、初めから討幕論者であったわけではない。海外密航の夢破れて萩の牢獄あるいは杉家の幽室（家屋内の幽閉用の部屋）で孔子や孟子を論じたころも、いわゆる諫幕《かんばく》（改幕）論者、つまり幕府に進言して改めさせようという立場であった（注1）。

確かに時勢を論ずる語調は鋭く、すでに霊魂の不滅（朱子学）を信じ、知行合一（陽明学）を説き、「至誠にして動かざるものなし」（孟子）として大義の実行を説いてはいた。しかし、その政治理論は、かの松平定信が寛政年間に主張した、将軍は天皇から日本を任されているという「大政委任論」に立脚し、幕府をいさめ、「尊王攘夷」を実行させようというものだった。「君に忠、親に孝」の儒教的枠組を破ってはいない。

「（主人や）主人同列の諸侯にも、ことごとくこの義を知らしめ……幕府をして前罪をすべてさとらしめ、天子へ忠勤をとげさせ……主人を諫《いさ》めてきかれなければ諫死《かんし》するまで」（討幕派の黙霖《もくりん》との問答）（注2）。

しかし、黙霖や同じく討幕派の梅田雲浜《うんぴん》らの論客と論争するうちに、また安政4年（1857）井伊大老が日米修好通商条約を調印するに及んで、松陰の思想は一気に「討幕」に結晶する。

そして幽室から、同志（門人）たちに急進的な実行策をさまざま指令するが、ことごとく失敗。過激さに驚いた門人たちが離れる気配を見せると、松陰は激昂した。「僕は忠義をするつもり、諸友は功業（てがら）をなすつもり」と、門人たちの自己保身ぶりを嘆き、「ナポレオン（革命の意味）を起こしてフレーヘード（自由）を唱えねば」腹の虫がおさまらないと叫ぶ。

まるで世間や門人への疑いの心や、怒りの心が爆発したかのようであった。が、その爆発が心の毒を吹き払ったのか、ほどなくもとの「至誠の人」松陰に戻ったという。

やがて江戸送りの幕命。いわゆる「安政の大獄」だ。松陰への嫌疑は梅田雲浜との関わりであったが、「至誠をもって」幕府をいさめるべく、松陰は自ら幕府要人の暗殺計画の存在などを明かし、さまざまに論じた。が、逆にそれが禍いして死罪となった。しかし、この刑死により、松陰の「誠」（革命の火）は、すべての門人の心にしっかりと灯ったのだ。

（注1）吉田松陰『講孟余話』
（注2）冨成博『吉田松陰』（長周新聞社）

宗教改革の先駆者ヤン・フスが松陰の過去世だ

チェコの首都プラハの旧市街公園には、共産主義の風雪を耐えぬいたブロンズ像がすっ

安政の大獄で江戸へ護送される５日前に門下生の画家・松浦松洞が描いた松陰像。京都大学付属図書館蔵。

くと立つ。プラハ市民にとっては「真実のための戦いの象徴」、ボヘミア（チェコ）の宗教改革指導者ヤン・フスの像である。幸福の科学の霊査によれば、このフスが吉田松陰の過去世だ。

神聖ローマ帝国支配下のボヘミア。その南部の貧しい農家に生まれたフスは、向学心に燃えてプラハ大学に入学。哲学と神学を学び、そのまま教授となる。時は15世紀初頭。英国ではケンブリッジ大学教授のウィクリフが宗教改革を唱え、その説に同調したフスは改革者の一人として起《た》った。「信仰の唯一の規準は聖書であり、救いは信仰のみによって得られる」（注3）と主張し、聖職そのものを売買する堕落した聖職者や、彼らと結んだ大司教を批判。十字軍の戦費調達を目的とした贖宥状《しょくゆうじょう》（免罪符）の販売にも反対した。

本家英国の運動はやがて勢いを失ったが、ボヘミアでは帝国の支配に対する民族的反発と一体化して燃え上がった。禁止されても破門されても説法をやめようとしないフス。だが、彼のせいでプラハ市まで破門され、フスはやむなく地方へ移り、説法と著述に専念した。

やがて改革の波は周辺に広がって全ヨーロッパ的問題となり、教会側は１４１４年、コンスタンツの宗教会議にフスを召喚した。しかし、フスはついに自説を曲げず、翌年、火あぶりの刑となった。火刑台の上で彼が最期に叫んだのが、「自由は打ち勝つ」という言葉であった。

その死に怒ったボヘミアの民（90％がフス派）は、ボヘミア制圧を目的とした5次にわ

チェコ、プラハにあるフスの銅像。

火あぶりになった
フスを描いた絵。

たる十字軍の攻撃をことごとく撃退し、いわゆるフス戦争は、なんと20年も続いたのである。ルターの宗教改革に先駆けること約100年。フスの信仰心が市民の信仰心を燃え立たせ、民族運動に火をつけたのだ。

（注3）半田元夫・今野國雄『キリスト教史Ⅰ』（山川出版社）

変革目指して先駆ける至誠の教育者は、言魂の人でもあった

松陰とフス。二人の共通点は数々あるが、第一は、生まれながらの教育者という点だ。松陰は幼くして兵法師範の吉田家の養子となり、11歳で藩主に講義したほどの秀才。フスにしても、プラハ大学の学長にまでなった教育者である。

第二に、フスはまだ表記法のなかったチェコ語の文章法を創始した人でもある。つまり、説法も著作もチェコ語の話し言葉で行い、「普段話すように書く」ことによって、チェコ語を創り上げたのだ。

一方の松陰も、じつは故司馬遼太郎によれば「幕末における最大の文章家の一人」（注4）であり、「文章日本語」の先駆者であったという。一般に文章日本語は、明治期の夏目漱石や正岡子規によってつくられたとされるが、松陰のそれはさらにその前のもの。リズム感

山口県萩市の松陰神社内に修復された松下村塾。

松下村塾の講義室。この狭い部屋で師弟が寝起きを共にしながら学び、多くの志士が育った。

やわかりやすさといい、美しさといい、「文章において松陰は天才であった」(注5)のだ。

そして三つめの共通点。それは自分の信念を曲げず、権力をも説得できると信じ、結局二人とも見せしめの刑に処せられたこと。さらにその死によって、人々を社会変革に決起させたことだ。

ところで、フスの場合は神学教授であり聖職者でもあり、その信仰心の強さ・美しさはある意味では当然ともいえようが、松陰の場合、その信仰心は、実のところどうだったのであろう。

(注4) 司馬遼太郎・奈良本辰也・他『吉田松陰を語る』(大和書房)
(注5) 前掲書

人々の心に変革の火をつけた殉教者の魂

松陰の討幕論への飛翔の秘密は、彼の「熱烈な天皇中心主義」にあるようだ。

今日の史家は、それを「国学的」「国家主義イデオロギー」としてとらえ、黒船で密航してまで世界を学ぼうとした松陰が、なぜこんな非科学的・反知性的な結論に到達したのか理解できないという(注6)。

一方、松陰の天皇主義を「日本神道という宗教」として見ることにも、史家は難色を示す。なぜなら、そうした知識人は戦後の「反宗教的」意識をだれよりも色濃く持っており、国民的英雄の松陰を「宗教家」とはしたくない思いがあるからだ。

また松陰自身も、反宗教的言辞をしばしば用いたという事実もある。しかし、松陰の遺した文章をよくよく読んでみると、彼が嫌っているのは当時の「ご利益宗教」であり、神に見返りを期待する人間の不遜な精神であることが分かる。例えば妹にあてた手紙で、松陰は次のように言っている。「世俗にも神信心ということをする人あれど、大てい心得ちがうなり。……出世を祈りたり長命富貴を祈りたりするはみな大間違いなり。……神を拝むには先ず己が心を正直にして、また己が体を清浄にして、外に何心もなくただ謹み拝むべし」と。

つまり松陰にとって神道とは、ことさら「宗教」とことわるまでもない、本能としての信仰であったのだ。

考えてみれば、松陰の過去世はフスである。この魂は、いわば信仰心そのもの。その魂が強烈な天皇への信仰を自覚することによって、彼は儒教的なものを止揚し、討幕論へと至ったのだ。かくして彼は、こう言い切る。

「我、今国のために死す、死すとも君親に背かず、悠々たり天地の事、感賞は明神に在り」――。

まさに「直覚的宗教心」（徳富蘇峰）によって、彼は認識力を高め、すべてを白紙の上で見るように見たのだ。

それは、神々の指導を受けたという自負心の表れであったのかもしれない。

それというのも、松陰は誠が通じないときには「日に三たび反省」したという人だが、さらに、しばしば夢による霊示も受けているのだ（注7）。

日本が西洋列強の侵略を受けようかというとき、日本の神々が黙っているはずもない。必ず何らかの働きかけを地上の人間にするはずである。その天の意志を素直に受け、いち早く行動に出たのが松陰その人だったのではないだろうか。

ともあれ、フスが民族の独立心に火をつけたように、松陰もその信仰心によって、日本の独立を守る社会変革＝維新運動の先鞭《せんべん》をつけたのだ。

変革の先駆けは、常に熱烈なる信仰者の任である。とすれば、大変革期のいま、人々の心に火をつけるのは、いったいだれの使命なのか。

（注6）実際、戦前・戦中の国家主義イデオロギーに松陰は利用された。
（注7）例えば松陰の晩年の「二十一回猛士」という号は、夢に現れた「神人」のお告げによるものである（『二十一回猛士説』）。

コラム

黒船乗船の目的は「ペリー刺殺」？

吉田松陰の「下田踏海事件」（1853年）に異説が登場している。従来の定説（密航失敗説）に反して、実は松陰は「ペリーを刺殺」する目的で黒船に乗りこんだとする説である（産経新聞99年11月2日付夕刊）。

この新説を発表したのは、現・人間環境大学の川口雅昭教授（日本教育史）だ。『松村大成・永鳥《ながとり》三平両先生伝』という史料に、獄中にあった永鳥三平（肥後の尊皇攘夷派の重鎮松村大成の実弟で、松陰の下田事件に連座して藩より処分された）を助けるため、藩に提出された建議書（写し）が載っており、その中にこの事実が記されていたとの発見である。

「幕府が和ぼくを決めたため、夷賦《いふ》（アメリカ）の無礼な態度を眼前に見るに忍びず、松陰は金子重輔《じゅうすけ》の助けを得て、夷賦の棟梁たる彼理（ペリー）を一刺之間に逞せんと船に乗懸かり申候……（中略）その後有志の面々も四方に離散して時を相待居申候」――松陰はペリー刺殺に失敗したが、有志の面々が次の機会を狙っているという主旨である。

記事によれば、松陰が遊学中に師事した森田節斎（大和五条の儒学者）が1854年12月に弟へ出した書簡にも「西洋事情を詳しく知るために黒船に乗ろうとして失敗したが、本当は主将（ペリー）を殺しに行った」という内容が書かれていたという。

そして事件後に松陰が主張した「密航失敗説」は、他藩の同志を守ると共に刑の長期化を免れるためのものと説く。また、その背景は事件前年の肥後行きにあり、「当時は尊皇攘夷派であった横井小楠や肥後勤王党のメンバーらと会談し、日米の局地戦となっても負けない、と考えるようになった」からという。つまり「独立保持のためのせっぱ詰まった行動」というわけである。

この新説への疑問

① まず、素朴な疑問としてあるのが、刺殺目的の者たちが刀（大刀二本と小刀一本か?）を小舟に残して黒船に乗り移るなどということがあるだろうか、という点である。

「二人とも二本の刀をさす資格があったが、三本をボートに乗せたまま流してしまったので、一本しか持っていなかった」（『猪口孝が読み解く「ペリー提督日本遠征記」』NTT出版）と史料にあるのだ。

実は、松陰と金子重輔（松陰の最初の弟子）の二人は当夜小舟に乗ったはいいが、その舟には「櫓杭《ろぐい》」（櫓を支える突起物）がなく、二人はふんどしで櫂《かい》を縛って漕ぎだした。が、ほどなくゆるんだため、こんどは帯を解いて縛りつけた。しかも旗艦ポーハタン号の「内面」（港寄り側）に着けるべきところ、潮の関係で波の荒い「外面」（沖側）に着いてしまい、あわてて帯を巻きつつ、米水兵の邪魔を避《よ》けつつ、なおかつ梯子につかまらねば……といった次第で刀をさすどころではなかったのだが……。

　しかし、あらゆる事態を考え、何らかの武器を身につけて乗船するのが「刺客」ではないだろうか。

　それとも長期的視点に立ち、黒船での航海中にスキを見つけてペリーを殺そうとしたというのだろうか。

②　この時点の松陰は、熱烈な「尊皇派」ではあっても、単純な「攘夷派」ではない。

　事件の四年後に、松陰は梁《やな》川星巌《がわせいがん》を通じて朝廷へ意見を

ペリー。アメリカ海軍軍人。1853年7月サスケハナ号など4隻の軍艦をひきいて浦賀に来航し、日本中をパニックに陥れた。

上奏しているが、「どうどう大鑑をつくり、公卿から列侯以下に至るまで万国を航海し、智見を開き、富国強兵の大策をたてるよう」進言している（大江志乃夫『木戸孝允』中公新書）。まるで維新後の「岩倉使節団」を予言するような内容だが、まさに下田踏海は、この主張を自ら実行しようとしたようなものであった。

従って松陰の立場は、いわば「攘夷的開国論」というべきものであるのだが、当時の人間にもあまり理解されなかったようではある。

「夫《そ》れ戦《いくさ》を主とする者は鎖国の説なり、和を主とする者は航海通市（開国）の策なり。国家の大計を以て之《こ》れを言わんに、雄略を振《ふる》ひ四夷を馭せんと欲せば、航海通市に非《あら》ざれば何を以て為さんや。……然《しか》りと雖《いえど》も、之《こ》れを言ふこと難《かた》きものあり。今の航海通市を言ふ者は能《よ》く雄略を資《たす》くるに非《あら》ず、苟《いやしく》も戦《いくさ》を免《まぬが》れんのみ」（吉田松陰『対策一道付論一則』）

③　川口教授説は、下田事件の前年に肥後で横井小楠や宮部鼎蔵らと会って「日米局地戦での勝利」を松陰が確信したというが、その足で松陰は当初の予定通り、ロシア艦に乗るために長崎へ行っているのである。まさか艦長のプチャーチンを刺殺するために行ったのではないであろう（ロシア艦は去ったあとだった）。

つまり松陰の攘夷的主張は、あくまでも「兵学」的立場からのものであり、国家と国家の戦争を想定しており、そのための方策は宮部と共にさまざまに研究（『海戦策』など）していた。それも、国としての防備を固めるため、まず国民の志気を高める必要性を感じていたのだ。

「亜墨奴（アメリカ）が欧羅（ヨーロッパ）を約し来《きた》るとも備《そなえ》のあらば何か恐れん備《そなえ》とは艦《かん》と砲《ほう》との謂《いい》ならず　吾《わ》が敷洲《しきしま》の大和魂」（兄梅太郎あて書簡・1853）

確かに下田事件の直前、宮部・永鳥らの「攘夷の挙」の企てに松陰が参加していたのは事実である。しかし、その「無謀を知り」、宮部も松陰も断念しているのだ。

ただ言えるのは、松陰の言葉の「過激さ」である。彼の場合、何事をなすにも「自分の志」「心構え」「覚悟」を第一とし、そのためによく「一死をもって」と語ったが、これが聞きようによっては「個人的攘夷」の過激行動と誤解される場合もあったのではないか、という点である。

「僕が志巳《すで》に決せり……僕、死も且つ避けず何ぞ先生の怒罵を恐れんや」（森田節斎あて書簡・1853）。

④　そもそも松陰が海外渡航を思い立ったのは、佐久間象山の影響であった。象山は幕府がオランダから軍艦を購入しようとしたとき、この際に優秀な人間をオランダで研修させるべきとの意見書を、川路聖謨《としあきら》（勘定奉行・当時）に出しており、そ

の人選リストの中に弟子の松陰も入れておいたのである。その時点から実は松陰は海外渡航を考えており、無断出国した場合の帰国時は、中浜万次郎のような「漂流者」扱いにしてもらうことまで象山と相談していたのだ。

そして黒船来航。幕府が戦う意思のないことを確認するや、松陰は単独渡海を計画したのである。これが「ペリー刺殺」目的でないことは、その壮行会（料亭「伊勢本」1854年3月5日）で、同志たちからオランダ本をはじめ『唐詩選掌』や世界地図まで贈られていることからも明らかであろう（この地図を贈ったのが永鳥三平）。それとも、これらの宴や贈りものはカモフラージュのためのものだったというのであろうか。

⑤　しかし、ひとつ懸念があるとすれば、金子重輔である。この男は、いったいどんな人物だったのか――「才気煥発、放縦不羈な青年」で、性格は松陰に似ていたともいう。

生まれは長州。阿武郡渋木村の農家の出だが、のちに足軽金子家の養子となり、藩士白井小助に学問の手ほどきを受け、やがて江戸藩邸詰めを志願。松陰の知友である鳥山新三郎の塾に出入りするうち、永鳥三平と知り合う。その永鳥の紹介で、ちょうど鳥山塾に居候していた松陰と出会うのである。そして松陰の長崎行きを知るや脱藩してあとを追い、次いで下田踏海事件となる。

が、実はこの下田事件のあと、刀を小舟に残置したことを、金子はひどく後悔していた。

「渋木生（金子の変名）甚だ刀を舟中に遺《のこ》せしを大恥大憾とす。然《しか》れども敗軍の時は何も心底《しんてい》に任《まか》せぬものなり。……名将にてさへ、大敗軍には一騎落《いっきおち》し給うことあり、然れば吾れ等《わら》の事も強《あなが》ち恥とするに足らず。……世の人はよしあしごともいはばいへ　賤《しず》が誠は神ぞ知るらん」（松陰の回顧録『三月二十七夜の記』１８５４）

師の松陰は恬淡《てんたん》としているのに、金子のこのこだわりはいささか奇異である。ひょっとしたら、この男が永鳥らと謀《はか》り、ペリー刺殺を密かにたくらんでいたのではないだろうか。

曲者《くせもの》は、この金子を松陰に紹介した永鳥か……？　そういえば永鳥は、松陰の長崎行きのときも鳥山新三郎・桂小五郎らと共に密議に参加して賛成し、今回も「伊勢本」で最初に松陰らの踏海にただひとり賛意を表し、他のメンバーを説得してもいる。

ともあれ、永鳥ら過激派と通じていた金子重輔単独の「刺殺目的」なら、考えられないことではない。

以上、さまざまに論じてはみたが、松陰の本当の姿を知る者にとっては、詐術的言論および行動は、松陰に限ってはあり得ないのではないか、ということだけは断言できよう。松陰といえば、己れに厳しく人に優しく、日に三たび反省した「至誠の人」であり、敬虔な殉教者ヤン・フスの魂なのであるから。

第六章　大いなる理想に生きる魂
――西郷隆盛

西郷隆盛（1827～1877）

第二イザヤ（前6世紀頃の人）

明治維新最大の貢献者にして
明治時代最大の反乱の首謀者、西郷隆盛。
「この人なくば維新はなかった」といわれる英雄が
反乱へと向かったのはなぜだったのか?
過去世をひもとくと、
日本史上の大きな謎の答えが見えてくる!

西郷隆盛（1827 〜 1877）
本名「隆永」だが、新政府に誤って「隆盛」と届けられ、「それならそれでよか」と笑って認めたという。薩摩藩主・島津斉彬によって見いだされ、中央政界へ。大久保利通と組んで革命工作に奔走。薩長同盟、大政奉還などを経て、維新軍の事実上の司令官に。勝海舟と談判し、江戸無血開城。新政府では参議・陸軍大将など務めるが、明治6年下野し、同10年の役で戦死。享年51歳。

第二イザヤ（前6世紀ごろの人）
生没年や伝記は不詳。旧約聖書中の「イザヤ書」の40章以降の部分の筆者で、それまでの裁きの神としての面を強調するユダヤ教において、珍しく神の憐れみ、愛の側面を強調した。のちのイエスの降臨＝受難と贖罪の物語を預言したとされる。

料金受取人払

荏原局承認
145

差出有効期間
平成19年7月
31日まで
(切手不要)

1 4 2 - 8 7 9 0

東京都品川区
平塚2丁目3番8号

幸福の科学出版(株)
愛読者アンケート係 宛

ご愛読ありがとうございました。
お手数ですが、今回ご購読いただいた書籍名をご記入ください。

書籍名

フリガナ お名前	男・女	歳
ご住所 〒 都道府県		
お電話( ) —		
e-mail アドレス		
ご職業 ①会社員 ②会社役員 ③経営者 ④公務員 ⑤教員・研究者 ⑥自営業 ⑦主婦 ⑧学生 ⑨パート・アルバイト ⑩他( )		

愛読者プレゼント☆アンケート

ご愛読ありがとうございました。今後の参考とさせていただきますので、下記の質問にお答えください。抽選で幸福の科学出版の書籍・雑誌をプレゼント致します。(発表は発送をもってかえさせていただきます)

1 本書を、どのようにお知りになりましたか？

①新聞・雑誌広告を見て(新聞・雑誌名　　　　　　　　　　　　)　②書店で見て
③人に勧められて　④月刊「ザ・リバティ」を見て　⑤月刊「アー・ユー・ハッピー?」を見て
⑥幸福の科学の小冊子を見て　⑦ラジオ「天使のモーニングコール」を聴いて
⑧幸福の科学出版のホームページを見て　⑨その他(　　　　　　　　　　)

2 本書をお求めの理由は？

①書名にひかれて　②表紙デザインが気に入った　③内容に興味を持った
④売り場の広告(POP等)を見て
⑤幸福の科学の書籍に興味がある　★お持ちの冊数＿＿＿＿冊

3 本書をどこで購入されましたか？

①書店(書店名　　　　　　　　)　②インターネット(サイト名　　　　　　　　)
③その他(　　　　　　　　)

4 定期購読している新聞・雑誌を教えてください。

●新聞[朝日・読売・毎日・日経・産経・東京・中日・その他(　　　　　　)]
●週刊誌(　　　　　　　　)　●月刊誌(　　　　　　　　)

5 この本を読んでのご意見・ご感想、また今後読みたいテーマを教えてください。

(なお、ご感想を匿名にて広告等に掲載させていただくことがございます)

6 今後郵送やe-mailにて、弊社からの新刊案内等をお送りしてもよろしいですか。

希望する　・　希望しない

ご記入いただきました個人情報については、同意なく他の目的で使用することはありません。ご協力ありがとうございました。

大西郷の謎に迫る

維新の大英雄、西郷隆盛。

坂本龍馬には「大きく打てば大きく響き、小さく打てば小さく響く、釣鐘《つりがね》」のような人物といわれ、「敬天愛人」思想の人格者ともいわれる。まさに西郷がいなければ、維新もなかったかもしれない。

しかし、その大元勲が反乱軍の首魁《しゅかい》と化す。

「慶応の功臣・明治の逆臣」——あの西南の役とは何だったのか。それがわからないから、西郷全体がいまだに大きな謎なのだ。

しからば、彼の過去世を調べることにより、その本質に迫るべきであろう。幸福の科学の霊査では、旧約の預言者のひとり、「第

鹿児島市、西郷隆盛の生家のあとに立つ石碑。

二イザヤ」こそ大西郷の過去世である。

「第二イザヤ」とは?

旧約聖書のイザヤ書は、「縮小版聖書」とも「聖書の要約」ともいわれ、実は二人のイザヤによって書かれている。

第1章~第39章の筆者がイザヤ(第一)といわれ、紀元前8世紀の人。そして40章以降が第二イザヤで前6世紀の人。

「第二」とは、二世とか二代目という意味ではない。第一イザヤとは何の関係もない人物だが、当時の社会状況から本名を隠さざるを得ず、たまたまその預言集がイザヤ書に収録されたことから「第二イザヤ」と呼ばれるようになったのだという(注1)。

ときはユダヤ人の王国が二つに分かれていたころのこと。北王国イスラエルはアッシリアに侵略され(前721年)、滅ぼされてしまった。その後、そのアッシリアを滅ぼしたバビロニアによって、南王国ユダも侵略され(前582年)、ユダヤ人は捕囚の憂き目を見る(バビロン捕囚)。

第二イザヤは、そのユダ王国の人であり、バビロンの捕囚の一人であったが、世界的視野を持った人であったという。国際情勢を的確に判断する明晰さを備え、民族の歴史に通じ、

「預言者イザヤ」ミケランジェロ作　ヴァティカーノ宮システィナ礼拝堂。

宗教上のさまざまな教えを深く悟っていた（注2）と推測されている。

当時のバビロニアは英雄ネブカドネザル王すでに亡く、大ペルシャ帝国建国に燃えるキュロス王の襲来におびえる日々。すでにメディア、リディアは征服され、次はバビロニアか……。

このとき、第二イザヤは預言者として立ち、動揺する捕らわれのユダヤ人たちに語り始めた。キュロスは解放者であり、恐れる必要はない、と。「神に立ち返る」ことにより、正義と平和の実践を目指して「立ち上がれ」、と。

（注1）旧来、56章以降は「第三イザヤ」筆者説が強かったが、近年の研究で、やはり第二イザヤの手になるとする説が強まっている。

（注2）本田哲郎『イザヤ書を読む』（筑摩書房）

第二イザヤは何を預言した？

「慰めよ、慰めよ、わが民を」と、あなたたちの神は言われる――イザヤ書40章。

それまでの神は厳しい裁きの神であったが、第二イザヤの預言（40章以降）になると、神は優しく、神秘的になる。「慰める」とは「苦しみや痛みを共に感じとる」ことだ。

自力による祖国回復の望みが断たれた者たちに、神は「身を起こせ」と諭す。「主に望みをおいて」「身を起こす」とき、あなたは力尽きることなく走ることができる、と。

　この預言は、古代ユダヤ教が生んだ真に本格的な信仰を義とする「神義論」といわれる。それは同時に、苦難・貧困・悲惨・醜さを「神化」し、その徹底した「清貧＝弱者の思想」ぶりは新約聖書の比ではない。捕囚前は、貧しき者を「敬虔なる者」として積極的に評価する見解など、全くなかったのであるが……（注3）。

　この世の貴賤や人種・民族に関係なく、信仰によって己を空しくすることが真に人を「義」となさしめると強調した点で、第二イザヤは旧約聖書中でも特異な位置を占める預言者なのだ。

　そして、第二イザヤを有名にしたのは、イエスの降臨＝受難物語と贖罪《しょくざい》思想を預言したからだ（イザヤ書・53章）。この53章を、キリスト教はイエス受難の預言とした（これを個人説という）が、ユダヤ教はイエスではなく民族全体のこと（集団説という）とした。
（注3）マックス・ウェーバー『古代ユダヤ教』（みすず書房）

西郷も「預言者」か？

　そもそも預言者とは、仏神の言葉を預かる者。そのためには、仏神（天上界）からの通信を受けられる精神状態が要求される。例えば、反省と瞑想によって、常に自我我欲を打ち消し、清らかな幼な児のような心を保たねばならないのだ。

このような預言者の風貌は西郷にも色濃く出ている。西郷は、ときに幼児のような素直さで人の話を聴いたという。そして、座禅を好んだことも知られている。それは、彼の学問志向が藩公認の「朱子学」から、「陽明学」へ向いたことによる。

明代の大学者・王陽明に始まる陽明学は、「知」と「行」の一致を求め、そのために「私心・私欲」を捨てる修行を要求する。

この学問を学んだ西郷は、その道で高名な誓光寺に通った。江戸では芝の大円寺、京にいるときは相国寺で参禅している（注4）。

また、流人となった奄美大島で覚えた狩猟も、彼に格好の瞑想のための時空間を与えてくれたのである。内村鑑三は、『代表的日本人』のなかで、こう推測する。

「日夜、好んで山中を歩き回っているとき、輝く天から声が直接下ることがあったのではないでしょうか。静寂な杉林のなかで『静かなる細い声』（注5）が、自国と世界のために豊かな結果をもたらす使命を帯びて西郷の地上に遣わされたことを、しきりと囁くことがあったのであります」（岩波文庫版より）

熱烈な信仰者・内村ならではの洞察であるが、同書には次の実話も紹介されている。

「長年の追放が終わり……使者が……島に送られたとき……西郷は海辺の砂に、新国家の建設のために頭に描いていた諸策のすべてを、図示して語ったといわれます。そのとき西郷の示した予見が、あまりにも事実に当たっていたのに驚き、話を聞いた使者はのちに、思うに西郷は人間ではなく神である、と友人に告げたほどです」

西郷も、預言者の体質、あるいは使命を持っていたといえるのではないだろうか。

（注4）上田滋『西郷隆盛の世界』（中公文庫）

（注5）旧約の預言者エリヤに聞こえた神の声。『代表的日本人』参照

「自然に生じたキリスト者」

明治4年、神道による祭政一致を求めた伊地知正治の「時務建言」は、実は西郷の手によるものだという(注6)。また、西郷は「軍事的封建主義者」と見られた例も多い。だから、旧士族の復権を目指

島津家の別邸「仙厳園《せんがんえん》」（鹿児島市）。錦江湾と桜島を借景にした眺望抜群の庭をもつ。

す西南の役を起こしたのだ、と。

しかし、「廃藩置県」「徴兵制」など士族階級をなくす決定は、すべて西郷〝内閣〟の仕事である。国家社会の公益を考えるとき、私情は一切持ち込まないのが、彼のやり方なのだ。

「廟堂に立ちて大政を為すは天道を行うものなれば、少しも私（わたくし）をさしはさんでは済まぬものだ」（注7）。

この無私の思想は、彼の「敬天愛人」思想と同じものだ。

「天はあらゆる人を同一に愛する。ゆえに我々も自分を愛するように人を愛さなければならない」「人の成功は自分に克つにあり、失敗は自分を愛する（自己愛＝執着・編集部注）にある」

こうした彼の言葉は、内村鑑三によれば「『律法』と預言者の思想の集約」であり、新渡戸稲造も「自然に生じたキリスト者である」と絶賛している。

ところで西郷は、聖書を橋本左内から紹介されたという。また、有馬藤太は西郷から漢訳聖書を借りている。

「これから王政復古になると西洋諸国と交際することになるが、それにはぜひ耶蘇教（キリスト教）の研究をしておかねばならぬ」と、西郷は語ったという（注8）。

ともあれ、キリスト教と陽明学との近似性については高杉晋作も驚いたほどであり、読書家の西郷であれば、キリスト教も十分に理解はしていたはずである。

まさに預言者として、人々を思いやる愛情において、さらに自己中心的な生き方を嫌う「無私」なる性格において、西郷には第二イザヤの魂の傾向性が脈々と流れていたのだ。

（注6）「時務建言」は確かに西郷の筆ではあるが、その内容は伊地知の言うままに書いたもの、とする説もある。

（注7）山田済斎編『西郷南洲遺訓』（岩波文庫）

（注8）上田滋『西郷隆盛の世界』（中公文庫）

西郷の〝予言〟したものは？

西南の役は、西郷の本意ではなかったといわれる。彼は薩摩の若武者たちに自らの命を預けたのだという。しかし、西郷をして新政府から去らせた原因は、維新の功臣たちの堕落した姿であった。

「万民の上に位する者、己れを慎み……驕奢《きょうしゃ》を戒め……下民その勤労を気の毒に思うようならでは、政令は行われ難し。然るに……衣服を飾り、美妾《びしょう》を抱え、蓄財を謀り……今となりては、戊辰《ぼしん》の義戦もひとえに私（わたくし）を営みたる姿になりゆき、天下に対し戦死者に対して面目なきぞ……」（『西郷南洲遺訓』）

このままでは功利主義に冒され、日本はつぶれる。故江藤淳は、その著『南洲残影』において、西南の役は、西郷が昭和20年の日本の敗戦を、行動をもって予言したものだと断言していた。

「国の滅亡を予感する能力は……西郷隆盛にはあり、だからこそ彼は敢えて挙兵したのではなかったか」「その西郷の心眼が、昭和20年8月末に、相模湾を埋め尽した米国太平洋艦隊の姿を遠く透視していたことについても、私はほとんどこれを疑わない」

その発端となった征韓論にしても（実は西郷の論は「平和使節論」だが）、幸福の科学の霊査によれば、その後の韓国併合、対清・対露・対米戦争など、国力が充実すれば、外に出ていって一戦を交えることになるであろうことを予見したものだったようだ。

ちなみに、明治6年、もし西郷の対韓平和使節が成功し、「日・韓・清」の三国同盟が成立していれば、その後の日清・日露の戦役は起こり得なかったとの説もある。

さらにいえば、今日の功利主義・拝金主義の日本の姿をも預言者・西郷は予知し、身をもって予言・批判した。それこそは西郷が西南の役を起こした真の理由だったのではないか。

しかしその一方で、大久保利通や木戸孝允のように欧米視察をしていない西郷には、この時期、明治国家の未来ビジョンが見えていなかったのも事実である（『ザ・リバティ』99年7月号「人生の羅針盤」参照）。

西郷は大いなる愛の人ではあったが、その愛にも段階がある。彼の場合、キリスト者に多い受難的情感としての愛、いわゆる「パトス的な愛」は豊かであったが、人を指導・向上させ、相手を救うことのできる知性の愛（いわゆる「アガペー的な愛」）に少し欠けると

西郷終焉の地、城山（鹿児島市）に立つ西郷隆盛の銅像。

ころがあったといわれる。

西郷には、「未来が見える愛」すなわち自分の未来だけではなく、自分が助けるべき人々の未来をも予見する愛が必要であったのではないだろうか。

そのチャンスは、あった。たとえば西郷の従弟の大山巌《いわお》(日露戦争の満州軍総司令官)は、西郷が弟のようにかわいがっていた人物だが、明治7年、滞在先のジュネーブから急ぎ帰国させられている。鹿児島に下野(明治6年)した西郷のもとへ、「説得役」として派遣されたのだ。そのとき大山は、「兄さあ、ヨーロッパへ一緒に行きまっしょう」と誘っているのだ。もし、西郷がこの誘いに乗っていれば……西郷にも確たる「未来」が見え、あの悲劇的な暴発は避けられたかもしれないのだが。

ともあれ、「自分の、自分が」という価値観ばかりが優先されがちな現代において、「無私」であることの価値を、西郷の転生は教えてくれるのだ。

いまの私たちが西郷の生きざまから学ぶべきは、この「無私なる心」で大いなる理想に生きること。その大切さであろう。

第七章

天成の教育者——福沢諭吉

福沢諭吉（1835～1901）

朱子（1130～1200）

キケロ（前106～前43）

日本人は空気に支配されがち、という。
今から百数十年前、学問を通じて、大勢に流されるのではなく、
個人の確立、つまり大人として独立することの重要性を唱えたのが
福沢諭吉である。
その過去世は朱子学の始祖・朱子であり、
ローマ一の雄弁家として聞こえたキケロなのだ。

福沢諭吉（1835～1901）
幕末から明治にかけての啓蒙思想家・洋学者。豊前（大分）中津藩の下級武士の家に生まれる。学問による立身を志し、長崎にて蘭学修行。ついで大阪で緒方洪庵の門に入る（適塾）。やがて藩の招きで江戸へ。塾を開いて蘭学教授。同時に英学を独習。1860年、咸臨丸で渡米。翌年ヨーロッパ、67年再び渡米。西洋事情の紹介に努めた。慶應義塾の創始者。

朱子（1130～1200）
中国・宋代の儒者。姓は朱、名は熹（き）。福建省に生まれるが、各地を転々として育つ。科挙に合格し官吏となるが、33歳のとき、復讐の大義（主戦論）が容れられず、官を辞す。その間、24歳で学を捨てて儒学に転向。子弟の教育に専念しつつ学者と交流し、研究活動。いわゆる宋学を大成し、朱子学の祖となる。何度か官に復職したが長続きせず、71歳で没。

マルクス・トゥリウス・キケロ
（前106～前43）
ローマの雄弁家・政治家・哲学者。騎士階級に生まれたが、雄弁家としての立身を志す。ローマの指導的弁護士としても活躍したが、彼は一切の報酬をもらわなかった。その後、財務官、法務官などを経てコンスル（執政官）。コンスル時代、カティリナの陰謀を暴露し、ローマを救うが、その後は逆に追放の身となったり、多難であった。

平等思想の元祖

平等思想も行き過ぎると始末が悪い。点数で差をつけるのはよくないとテストまでやめる学校が出現し、文部官僚が「偏差値の高い生徒も問題」などと放言する時代。その問題の根源は「学歴社会」そのものにあるというのだが、ちょっと待ってもらいたい。日本の平等思想の元祖といえば、かの福沢諭吉だ。

「天は人の上に人を造らず」とは生まれながらの身分社会を否定したものであり、学問の成果によって成績ランクをつけることまで否定したわけではない。

「人は生まれながらにして貴賤貧富の別なし。ただ学問を勤めて物事をよく知る者は貴人となり富人となり、無学なる者は貧人となり下人となるなり」（注1）。

これは、言ってみれば「学歴社会のすすめ」であり、その主体的努力により、身分制度を解体することを目指したものだ。

諭吉のいう平等とは、あくまでも「機会の平等」であり、「結果の平等」、つまり今日の「悪平等主義」とは似て非なるものであろう。

「智恵なきの極みは恥を知らざるに至り、己が無智をもって貧究に陥り飢寒に迫るときは、己が身を罪せずして妄《みだ》りに傍《かたわ》らの富める人を怨み、甚だしきは徒党を結び……乱妨に及ぶことあり」（注2）。

この今日にも通ずる彼の洞察力の秘密は、実はその転生にあったのだ。

（注1）（注2）福沢諭吉『学問のすすめ』（岩波文庫）

キケロそして朱子

幸福の科学の霊査によれば、諭吉の過去世は古代ローマ時代の思想家キケロであり、12世紀の中国に生まれた宋学の大家、朱子（朱熹）である。

キケロといえば、あのシーザーと対立し、ブルータスと仲の良かった政治家でもある。そして、朱子といえば、日本にも聞こえた大学者。しかし、諭吉は儒教＝朱子学を大批判してもいるのだが……。

政治家というより思想家か？

後世の史家によるキケロ評は、あまり芳《かんば》しくない。共和制最後の重要人物といわれ、「祖国の父」なる称号を受けた人物であるにもかかわらず……。しかも教養は高く、金銭にも清潔であったにもかかわらず……。ともかく、雄弁家として名を上げたキケロは、やがてローマの代表的弁護士となり、ついには最高位である執政官（コンスル）にまで上り詰めた。

シーザーやポンペイウスなどの大政治家と同時代者であり、自身有能な政治家とはいわれたが、シーザーなどの大物実力者がローマの実権を握ると、キケロはギリシャや別荘地で思索や著作に専念した。そして、共和制をなし崩しにしていくシーザーの方針を強固に批判。「独裁者を殺すことは愛国者である」と煽動し、シーザー暗殺にブルータス一味が成功すると、「おめでとう……本当にうれしい」ということづけを下手人の一人に届けたという（注3）。

しかし、その後キケロは夢を見た。ジュピターが一人の子供を「ローマの王」に指名する夢――その子供とそっくりの若者が、シーザーの養子オクタヴィアヌス（アウグストゥス）であったのだ（注4）。かくてキケロは若者に協力したが、結局捨てられ、シーザーの部下で、オクタヴィアヌスとシーザーなきあとのローマの覇権を争っていたアントニウスの手の者によって、首と手を斬り落とされるという悲劇的な最期を遂げたのである。

ところで、キケロがあまり人に好かれなかったのは、その名誉心の強さ（自画自賛癖）と、人を笑わせるための辛辣すぎる舌鋒のゆえであったという。また、軍人でなく哲学者であった彼は、脅迫や敵対者には「ただ立ち去るのみ」を身上としていた節がある。

「死をこわがる気持ちは、いのちが果てるとともに自分のものがことごとく無に帰する連中にはあっても、自分の名声が朽ち果てていくはずもない人には、ありはせぬ」。その自負は、何とも豪胆なものだったのだ。

（注3）鹿野治助「古代ローマの三人の思想家」『世界の名著・13』（中央公論社）
（注4）村川堅太郎編『プルタルコス英雄伝・下』（ちくま学芸文庫）

ギリシャの精神をローマに

しかし、キケロは燦然たる功績を残している。それは、「哲学をラテン語で読めるようにしたこと」、つまりギリシャの精神をローマにもたらしたことだ。

あるときロードス島で、ローマ人であるキケロはギリシャ語で演説をした。それを見てギリシャ人の老哲学者アポロニウスは悲しそうにこう言ったという。「教養と弁論、これだけが我々（ギリシャ人）に残された美しいものなのに……。これすらも君を通じてローマ人のものになってしまう」と。

キケロはプラトンにならって対話形式を使い、天界の描写から魂の不滅性までを説き、国家のために尽した政治家は、死後も正当な報いを受けることを説いた（『スキピオの夢』＝『国家について』）。

また、宇宙や神には理性があり、人間は理性を備えている点で神と仲間であること、従って理想国には宗教的な法が必要であるとも説いている（『法律について』）。まさに、プラトンのイデア説をほうふつとさせる。

古代ローマでもトップクラスの雄弁家、哲学者、政治家だったキケロ。

キケロの憧れたギリシャ精神とは、個人の自由と自立、共同体への奉仕を尊ぶ精神であり、この精神に憧れたキケロが共和制を理想とし、独裁制を許せなかったのは当然であったかもしれない。

学問は、自分自身のため!

一方、朱子は天成の教育者で、宋学(新儒学)の中心人物。孔子の儒教を学問的に集大成し、「朱子学」として確立した。後に日本でも、朱子学は徳川幕府の正式学問として採用されている。

18歳で官僚になるための難関「科挙《かきょ》」に合格した朱子は、ある県の書記官となるや学生たちに「自分のために学ぶこと(為己之学)」を説いた。そもそも学問とは、自分自身のためにするものだ、と。その自己修養を通して人を治める(克己以治人)のが、学問の目的である、と。

自己修養はさまざまな能力を伸ばし、結果として狭い自我の克服をもたらすという意味で「自由的」であった。

また、行政官としての朱子は拡大強化される宋の国家権力と、人民の利益を調和させるために、人民の「自発性」を重視。「個人の自発性」と「共同体への責任」をひとつのもの

偶成　　朱熹

少年易老學難成
一寸光陰不可輕
未覺池塘春草夢
階前梧葉已秋聲

「少年老い易く学なり難し
一寸の光陰（時間）、軽《かろ》んず可《べ》からず
未だ覚めず池塘（池のつつみ）春草の夢
階前（玄関先）の梧葉（桐の葉）、すでに秋声」。

として、地方自治に採り入れたのだ。それは、君臣、親子などの関係における道徳「五倫」（注5）を踏まえながらも、個人と個人、個人と権力との摩擦を回避する知恵としての「個人主義」の提唱でもあった。

「少年老い易く、学成りがたし」。されど朱子は少年に基礎教育を施し、それを社会の最下層にまで広げることによって、全体の底上げをして理想社会を実現することを目指したのだ。

なお、朱子の有名な「理一分殊」説は、キケロの「理性」の説とほとんど同じ。ということはプラトンのイデア説にも近い。まさに「キケロの時代に学んだプラトンの学説が、過去世の記憶として」（注6）朱子によみがえったものであろう。

（注5）五倫＝天倫。親子、君臣、夫婦、長幼、友人間の5つの関係における道徳律。

（注6）大川隆法『黄金の法』（小社刊）

自立と自由を伝える魂

キケロとしてギリシャの自由と平等の哲学を学び、朱子として教育による自立と人徳の向上を研究したこの魂は、明治の日本では、下級武士の家に生まれた。そして緒方洪庵《おがたこうあん》の適塾《てきじゅく》で揉まれ、学問で世に立った福沢諭吉として、学問による個人の独立（自立）と、その自由な個人をベースとした国家の独立（自由）の必要性を主張した。時代も文化も離れ、三者三様といった観のある転生だが、米コロンビア大学のW・T・ドバリー教授は、こんな説を発表している。

19世紀に（古代地中海世界の自由人に始まる）西欧の自由主義思想が中国に入ってきたとき、それは「音訳しなければ訳せない、全く異質な観念」ではなかった。「個人」や「自由」と似た意味をもつ言葉も概念も、すでに宋代の新儒学派によって使われていたからだ（注7）――。

なんと朱子を中心とする新儒学派は、西欧の自由主義思想に似た「個人」や「自由」という概念を、中国にもたらしていたというのである。西洋人研究者を驚かせたこの不思議な符合も、ギリシャ精神をローマに

大分県中津市にある福沢諭吉旧邸。

伝えたキケロが朱子として中国に転生していたことを考えると、十分納得できる。そして重要な点は、キケロのときも、朱子のときも、そして諭吉のときも、この魂が説いた価値観がその国の支配的精神となってきたことだ。

諭吉の魂――それはいつも教育を通じて個人の自由と独立、それによる社会の繁栄を実現することを使命としてきたのだ。時空を超えて、こうした自助努力を尊ぶ価値観を確立するために奔走する魂が、存在するのである。

（注7）ウィリアム・セオドア・ドバリー『朱子学と自由の伝統』山口久和訳（平凡社選書）

自分の前世を批判

ところで諭吉は儒教批判でも有名だ。日本の儒教といえば朱子学が中心であったから、それは自分の前世批判になるのではないか？　ところが、実は諭吉は、儒教の教えそのものに批判的だったわけではないらしい。

ある学者によれば、諭吉が批判したのは、修身・斉家という「個人の道徳」と、治国・平天下という「国の政治」を混同した政府の教育方針に対してであった。

確かに、かつての中国では修身から平天下まで、儒教的教えが一貫して通用した。それは中国が、国を一つの「家」と見たからであるが、近代国家を目指す明治日本には通用しない。独立した個人による国家の独立（自由）こそが近代のグローバル・スタンダードだと、諭吉は主張したのである。

いまだに個人が独立していない日本

維新から約１４０年、戦後も60年を経たというのに、この国ではいまだに個人主義は利己主義と混同され、自由主義は「我儘放蕩《わがままほうとう》」と同義のまま。まるで集合霊（注８）のように周りの空気に左右されて動く「理性なき集団主義」が支配する。しかし、こうした今日の日本が抱える諸問題は、『学問のすすめ』一冊を読み返すだけでも、だいぶ解決するはずである。

ちなみに、諭吉は無神論者あるいは反宗教者であるとの説もあるが、彼が神社のお札を踏みつけてみせたり、ご神体の小石を取り換えたりしたのも、理性や知性（科学的視点）を欠く、こうしたアニミズム的な「空気支配」を否定してみせたにすぎないといえるだろう。

「人の一身も一国も、天の道理に基づきて不羈自由なるものなれば、もしこの一国の自由を妨げんとする者あらば世界万国を敵とするも恐るるに足らず」（『学問のすすめ』）

知力を確立し、決然と個人と国家の自由・独立を説くこの気概こそ、諭吉の魂の真骨頂なのである。

（注8）集合霊とは群れ単位で存在する魂のこと。昆虫など下級生物の霊的実態であり、アニメ映画「もののけ姫」の山の神々のような低級霊的な存在。

第八章　軍神の系譜——上杉謙信

上杉謙信（1530 ～1578）

関羽雲長（？～ 219）

毘沙門天

生涯負け知らずの越後の雄――
上杉謙信の過去世は、
中国五千年の歴史で
最も人気の高い大英雄・関羽。
無類の強さを誇る魂だが、
しかして、その本質は……?

上杉謙信(1530 ～1578)
越後の守護代・長尾為景の子。7歳から14歳まで春日山の林泉寺で修行。やがて兄を逐って家督を継ぎ、春日山城に入る。上杉憲政から関東管領職と姓を譲られ、上杉謙信と名乗る。生涯不犯のため、養子・景勝が後を継ぐ。

関羽雲長(?～219)
三国時代の蜀の武将。文武両道の豪傑。中国・解(山西省)の人。美髯公と呼ばれる。張飛と共に劉備に従い、各地を転戦。入蜀後は、荊州をまかされるが、呉・魏の連携作戦に陥れられ、捕らわれて刑死。武神・商神として関帝廟にまつられる。

毘沙門天
仏教を守護する四天王・十二天の一つ。須弥山中腹の北側に住し、夜叉を率いて北方を守護する神とされる。日本では財をもたらす神として七福神の中にも入っている。

70 戦、負け知らず

最強といわれた謙信が天下を取れなかったのは、なぜか。

宿敵武田信玄の存在を挙げる史家は多い。10年にわたって5度も戦われた「川中島の合戦」で、両雄ともに天下を取る時機を失ったというのだ。

しかし謙信に限っては、必ずしも天下を望んでいたわけではなかった。

彼は、領土的野心を持たない、この時代には稀有な、不思議な武将であった。京へ進撃するチャンスも、なかったわけではない。例えば信玄の没した直後。攻めれば甲州は

山形県米沢市の上杉神社に立つ上杉謙信像。

手に入ったであろうし、その勢いで上洛することも十分可能だった。だが、謙信は武田勝頼を攻めず、越中（富山県）に兵を出しただけであった。

晩年、〝難攻不落〟の北陸の七尾城《ななおじょう》を陥《おと》し、「手取川の夜戦」で柴田勝家率いる織田信長の精鋭軍四万を、その半分の二万の軍団で撃破したときも、そのまま追撃すれば天下に手が届いたはずだともいう。

しかし、謙信は越後へ帰陣した。「信長軍、意外と弱し」との感想をつぶやきつつ……。

私心にて兵を動かすことなし

弱肉強食の乱世にあって、領土欲で出兵したことは一度もなかった謙信。「川中島」も、信玄に土地を奪われた村上義清らの願いを請けての戦いであり、関東への出兵も、関東管領《かんれい》の上杉憲政に泣きつかれたからだ。しかも関東出兵は、ときの将軍・足利義輝の内諾を得てから実行している。何たる律義さ！

謙信にとっては、筋目＝大義が大事。動乱の世を鎮めるという正義こそが、すべてであったのだ。「私欲のままに領土を拡張する敵将・信玄を退散させ、関東を侵略する北条氏康の不義を討つ」という正義だ。

従って調略等は用いず、関東から急使が来れば三国峠を越えて北条・武田軍と戦い、北

紙本著色　川中島合戦図屏風　六曲一双のうち信玄、謙信一騎打ちの場面
（和歌山県立博物館蔵）。

信濃が動けば川中島へ出兵する。

謙信23歳の関東出兵から脳卒中で倒れるまでの27年間に、出陣は33回。まさに自らが信じる正義の実現のために駈け回った一生であった。

「四十九年　一睡の夢
　一期の栄華　一盃の酒」

辞世の言葉もまた、サバサバというか、少しの未練心もなく、キッチリと決めている。

謙信の過去世は、関羽なり

身の丈9尺（207㎝）、髯《ひげ》2尺（46㎝）。青竜偃月刀《えんげつとう》（大薙刀《なぎなた》）をたばさみ、名馬赤兎《せきと》で疾駆する美髯公《びぜんこう》。張飛と共に劉備玄徳を助け、蜀の建国に力を尽くした名将。幸福の科学の霊査によれば、「三国志」の大英雄・関羽こそ謙信の過去世である。

とにかく強かった。「一騎当千」の10倍、1人で「万人の敵に称《かな》う」といわれた。

例えば、天下を狙った董卓軍の猛将・華雄の前に、曹操や袁紹らの連合軍の名だたる大将が次々と倒された初平元（190）年、軍議の末席にいた劉備の付き人が名乗り出た。出陣するや、アッという間に帰陣して華雄の首をポンと投げ出した。それが、関羽の中央デビューであった。出陣前に曹操から受けた酒は、まだ冷めていなかったともいう。

また、建安5（200）年のこと。曹操が劉備のいる徐州を攻めると、劉備は袁紹のもとへ逃げ、関羽は劉備の夫人たちを守っていて捕らわれてしまう。しかし、曹操は彼を客分としてもてなし、自軍へ誘う。ところが関羽は「二君に事《つか》えず」と、劉備への「義」を通す。

折しも曹操と袁紹が激突した「白馬の戦い」で、曹操軍は袁紹軍の勇将・顔良《がんりょう》の前に手も足も出ない。曹操軍の軍師は「一騎討ちで顔良に勝てるのはただひとり」と、関羽の名を挙げた。そこで関羽を呼び出すと、「いままで（客分として扱ってくれたこと）のご恩返しに」と愛馬にまたがり一直線。顔良を一刀のもとに斬り伏せ、その仇討ちに出てきた文醜《ぶんしゅう》も返り討ちに。曹操は思わず、「天下無双」と叫んだという。

こうした神がかり的な強さなら、謙信も負けてはいない。

「川中島」の第4戦（永禄4年＝1561）では、一気に敵の本陣に駈け込み、信玄と一騎討ち。惜しくも討ちもらしはしたが手傷を負わせている。

その2年前の唐沢山城（下野佐野）の攻防戦では、3万5千の北条軍に十重二十重と包囲された城を救援するため、なんと44騎の手兵を従えただけで突撃。甲冑も着けず、敵軍の真っ只中を一直線に駆け上がり、城内へと達した。その間、北条軍はだれ一人手向かう者もなく、まるで鬼神でも見るように道を空けたという。

神になった関羽

関羽は後に、神として7世紀の唐の時代からまつられ始めた。

なぜ、関羽は神としてまつられたのか――。それは菅原道真が天神として天満宮にまつられたのに似ている。いわば怨霊のたたりを鎮めるためである。

呉と魏の連携策に陥り、捕らわれて呉の君主・孫権の命によって殺された関羽は、死後も霊となって暴れ回る。まず、関羽を陥れた呉の呂蒙《りょもう》は、孫権の面前で、「我こそは関羽なり。必ずや復讐せん」と叫んで倒れ、体中の穴から血を流して死ぬ。呂蒙の副将の孫皎《そんこう》も、あとを追うように急死。そして魏の主《あるじ》・曹操は、孫権から贈られた関羽の首を見て、あまりの生々しさに「お達者か」と声をかけるや、「あっ」と叫んで倒れ、そのまま病を得て死んでしまう。首だけの関羽が、その目をカッと見開き、髪もひげも逆立てたのだという。

そのあと関羽の霊は玉泉山（荊州）に現れたが、もと鎮国寺の老僧・普浄から「呂蒙に首を返せなどと言うな。貴公に殺された顔良や文醜の首はどうなったのか」と諭《さと》され、忽《こつ》然と悟る。そして恨み心を洗い流し、仏に帰依。成仏したが、しばしば玉泉山に霊験を現して人々を救い、村人は感謝して廟を建てたという。のちに仏教徒は関羽を「護法の神」としてあがめ、「関菩薩」とも呼んでいる（注1）。

唐の時代から神として信仰を集めるようになった関羽に、北宋の徽宗《きそう》皇帝は「王」の称

横浜中華街に建てられた関帝廟。

号を与え、元の世祖フビライは孔子（文神）に並ぶ武神として関羽を選んだ。こうして14世紀の明の時代には「帝位」を与えられ、まつってある廟は「関帝廟」といわれるようになったのだ。

その一方で、世界各地の中華街には必ず商業の神としての「関帝廟」があるが、天下無双の武人がなぜ商業の神となったのか。

実は兵糧の調達などに長じていた関羽は、今日の会計帳簿の計算法の考案者であるという説や、ソロバンの発明者という説がある。あるいは江蘇省や浙江省では豆腐屋の守護神でもあるが、これは劉備と出会う前、豆腐売りで生計を立てていたからという。

また、関羽の金銭に対する清潔さが、商道徳の規範とされた面もあろう。顔良を討って曹操のもとを辞すときも、関羽は与えられた金銀財宝には手もつけず、庫《くら》に封印をして去っている。

関羽は劉備への義を貫いたが、商人にとっても一番大切なのは信義・信用という点から、約束の神様として、商業神としても信仰されてきたのだ。というのも、当時の中国の君臣関係は、互いに相手を選べる「自由意思による契約」に近い関係。だから、負けて捕らえられると、敵側に寝返ることも普通ではあった（将棋の駒のように）。

しかし、死すとも〝契約〟を守った関羽の「義」は、劉備や張飛との対等な関係、いわば個と個の対等な信頼関係であったのだ。曹操が関羽を去るに任せたのも、孫権が首を斬らざるを得なかったのも、関羽の「契約」を破らないという新しい「義」を感じとったからであり、これこそ商道徳に通じる契約意識なのである。

（注1）別冊歴史読本『幻術三国志』所収・平木康平「なぜ関羽は神になったか？」（新人物往来社）

「毘沙門天」の魂

そして謙信もまた「義人」といわれた。彼は、敵将からさえこんな評価を得ていた。

「あんな勇猛な男と合戦をしてはならぬ。謙信は頼むとさえいえば、いやとはいわぬ……。謙信にすがって甲斐の国を保つようにせよ」

信玄の、遺子勝頼への遺言である（『甲陽軍艦』・注2）。

江戸時代には、浮世絵にも描かれた関羽雲長の姿。

また、北条氏康はこう言った。「信玄と信長は表裏常なく、頼むに足りぬ。謙信だけは請けあったら骨になっても義理を通す人物だ」（『名将言行録』）。

これほどまで信頼されていた謙信は、仏神の中でも特に「毘沙門天」を信仰していた。出陣であれ主従の団結の誓いであれ、必ず春日山の毘沙門堂で誓わせていたともいう。

そして実は、この魂は「毘沙門天」そのもの——あの仏法を守る四天王の一神にして、七福神の一人。軍神であり福神である「毘沙門天」の魂の転生した姿でもあったのだ（注3）。

武神にして商業（繁栄）の神。実際、鬼神の如き戦いぶりを見せる一方で、謙信は領内の交通路を整備し、町人への諸役（税金）を時に免除するなど、領内の商業の振興・活性化に采配を振るった。謙信の死後、春日山城には2万7000両余りの金が残されていたという。後に天下を取った豊臣氏が全国の金山から運上させた金の総額が約3万4000両といわれているから、その膨大さがうかがえる。そうした経済発展に伴って得られた莫大な富が、謙信軍の強さを支えていたのだ。

ところで、生涯不犯で修行に励んだ謙信は、自分の魂の秘密に気づいていたのであろうか。

ある日のこと。急な事態で、毘沙門堂まで行って人を集める時間がなかったとき——謙信は「この際わしを毘沙門と思って、わしの前で誓わせよ」（『名将言行録』）と命じ

新潟県上越市・林泉寺所蔵、上杉謙信公肖像。

ている（注4）。

己《おのれ》が何者であるのか――謙信は、知っていたのだ。

（注2）歴史群像シリーズ『上杉謙信』所収・土橋治重「管領謙信、関東制覇に乗り出す」（学研）より

（注3）大川きょう子『開運の方法』（小社刊）、笹間良彦『大黒天信仰と俗信』（雄山閣）参照

（注4）岡谷繁実・原著『名将言行録』北小路健・中沢恵子訳（教育社新書）より

コラム

「力士隊」は強かった!?

上杉謙信の強さの例として、本稿でも述べた「唐沢山城への突撃」について、実は、ちょっとした異説もある。

当時の武将の近侍（近衛兵）は「力士隊」であったというものだ。騎乗した力士隊が一丸となって突撃するとき、その強さはまさに鎧袖一触《がいしゅういっしょく》。だれも止められるものではなく、普通の将兵は手も出さず、みな道を空けたものだ、と。

唐沢山城の件もその一例だというのだが、だからといって、それで謙信の強さを否定できるというものでもない。

当時、力士（相撲取り）を家来に召し抱えることは、相撲好きの信長の例を挙げるまでもなく、珍しいことではなかったのだから。

話はとぶが、幕末の長州で高杉晋作がつくった奇兵隊（諸隊）にも「力士隊」があった。

伊藤俊輔（のちの博文）が率いたのだが、確かに強かったらしい。晋作が決起して萩の藩政庁を攻めたとき（功山寺挙兵・１８６４）、この力士隊が行くと、俗論党（幕府への恭順派）の武士たちは陣を放り出して逃げたという。この場合、力士たちは騎兵ではなかったが、それでも敵にするのは大変だったのであろう。

第九章

転生する詩人魂——松尾芭蕉

松尾芭蕉（1644～1694）

杜 甫（712～770）

「古池や蛙《かわず》飛びこむ水の音」
「秋深き隣は何をする人ぞ」
俳句といえば、
だれの心にもすぐ思い浮かぶのが松尾芭蕉《ばしょう》であろう。
この俳聖・芭蕉の過去世は、
なんと中国史上もっとも偉大な詩人といわれた杜甫《とほ》であるという。
にわかには信じられないビッグな転生物語だ。

松尾芭蕉（1644 ～ 1694）
伊賀服部郷松尾の土豪を祖とする松尾与左衛門の二男。幼名・金作、のち半七・藤七郎・忠右衛門・甚七郎と変名。俳号は宗房、釣月軒、泊船堂、芭蕉庵桃青。北村季吟より俳諧を学び、処女作『貝おほひ』で自立。江戸へ下り、神田上水の水役をしながら俳諧修行。深川で泊船堂を営み、のち芭蕉庵と呼ぶ。俳諧に新風を吹き込み、芭蕉俳諧を確立。作品は『野ざらし紀行』『笈の小文』『おくのほそ道』『猿蓑』『炭俵』など。

杜 甫（712～770）
中国、唐中期の詩人。字は子美。号は少陵。河南省の人。なかなか任官できず各地を放浪して詩作にふける。44 歳で任官するも安禄山の変に巻き込まれる。反乱軍に捕われ、脱走して再び任官するが左遷されて辞職。のち妻子を連れて甘粛から四川へ入り、成都で数年落ち着く。やがてまた揚子江を下り、湖南で病没。李白と共に中国最大の詩人とされ、「詩聖」と呼ばれる。民衆の苦しみをうたった社会批判の詩が多い。律詩体の完成者。

芭蕉への杜甫の影響

確かに、芭蕉は杜甫に心酔していた。

その小物入れの中には常に『杜工部集』（杜甫の作品集）が入っていたし、その作品の多くに杜甫の影響を見ることができる。例えば、「山はみな蜜柑《みかん》の色の黄になりて」という芭蕉の句は、杜甫の「青きは峰巒《ほうらん》の過ぐるを惜しみ　黄なるは橘柚《きつゆう》の来たるを知る」という「放船」の第五・六句に影響されているという。

また、「明ぼのや　しら魚白きこと一寸」の句は、「白小、群分の命、天然、二寸の魚」（杜甫「白小」）の示唆を受けたものという（注1）。

逆に、「南国は昼も霧多く、北風に天は正に寒し」で始まる杜甫の五言律詩を読むと、中国文学の大家・故吉川幸次郎は『おくのほそ道』の一節（尿前《しとまえ》の関）を思い起こすという（注2）。さらに、「省略法」「倒装法」などの表現法も、杜甫を参考にしていたと思われる。

ただ芭蕉の場合、杜甫に限らず広く漢詩文の影響を受けていることは事実である。しかし、芭蕉の全著作を調べた太田青丘《せいきゅう》氏によれば、李白（注3）の影響は5カ所、『論語』は10カ所、荘子（注4）と白楽天（注5）は30カ所だが、なんと杜甫の影響は50カ所以上に上るという（注6）。やはり因縁は隠せないのである。

(注1)太田青丘『芭蕉と杜甫』(法政大学出版局)
(注2)吉川幸次郎『中国詩史・下』(筑摩叢書95)
(注3)701~762。中国、盛唐の詩人。詩聖といわれた杜甫に対し、詩仙と呼ばれた。若くして詩書に通じ、剣術を好んだ。25歳ごろより諸国を放浪。玄宗皇帝に重用されたが、奔放な性格は宮廷に合わず、3年後に再び放浪生活に戻った。酒に酔って水中の月を捕らえようとして溺死したという説がある。約1000首の詩と、数十編の散文が残っている。
(注4)中国の戦国時代の思想家。混乱する社会の中で理想社会を追究した結果、知識の相対性に懐疑的となり、儒家の仁・礼を否定。「人為を排して無為自然なれ」の老子の考えに達し、これを発展させた。道家の大成者。
(注5)本名を白居易という。唐代の詩人。772~846。平易で流麗な詩を作り、詩文集「白氏文集」(71巻)は、日本の平安朝文学に大きな影響を与えた。科挙の詩賦を主とする進士科に合格し、高級官吏としても活躍した。
(注6)太田青丘・前掲書

「旅」としての一生を過ごした詩聖・杜甫

唐の代表的詩人・杜甫が生まれたのは、かの玄宗《げんそう》皇帝(注7)が即位した年(712年)。7歳にして詩文を始め、10代で文壇にデビューしたというから、まさしく神童であった。しかし、本人は詩人として身を立てる気はなかった。家が代々そうであったように、杜甫も官に仕え、皇帝を助けて、平和で豊かな社会のために一身を捧げようと志していた。

ところが、この天才はなぜか試験に運がなく、24歳のときに受けた科挙（注8）も、36歳で受けた特別任用試験も落第。19歳から家を離れ、呉・越や斉、趙に遊学に出かけ、30歳で結婚し、洛陽で李白らと交遊するようになっていた杜甫は、試験がだめなら詩をつくっては官の要人に贈って任官の口を求めた。

40歳のときには玄宗皇帝に詩を認められ「待機」を命ぜられるが、これもウヤムヤ。

彼がようやく皇太子近衛部隊の兵員課長の官職を得たのは、なんと44歳のとき。それも唐朝最大の反乱、「安禄山《あんろくざん》の変」（注9）のひと月前であった。仕官を得るまで別居していた妻子を迎えにいくと、下の男の子はすでに栄養不足で亡くなっており、そうこうするうちに安禄山は挙兵。妻子をさらに安全な場所へ移し、即位するという皇太子（粛宗《しゅくそう》）のもとへ駆けつける途中、反乱軍に捕らえられ、長安に監禁されてしまう。やがて脱走して新皇帝となった粛宗のもとでやっと出世するのだが、左遷された元宰相を弁護して粛宗の逆鱗《げきりん》に触れ、左遷。出世の望みも断たれて、あえなく辞職した。

あとは戦乱を避け、地方の親戚頼みの流浪生活。53

歳のときに幼友達の引きで地方官吏となるが、これも1年ともたず。それ以降は家族10人（注10）を引き連れて10年以上も旅を続け、ついに舟中に客死した。その間、詩作を続けたが、苦しい時期ほど良い詩をつくったという。自らを「詩家」と称したのは、50代になってからであった。

（注7）６８５〜７６２。唐の第六代皇帝（在位７１２〜７５６）。28歳で皇帝に即位した後は賢臣に支えられ、外征を控え、農民生活の安定に努めたので、産業は発展し国都長安は繁栄した。その治世を開元の治という。しかし晩年は楊貴妃の女色に溺れ、政治を怠り、宮廷は乱れた。その結果、７５５年に安禄山の変が起こり、蜀に逃走の途中、子の粛宗に譲位した。道教に帰依しつつ、不遇の晩年を送った。

（注8）中国で隋代から清朝末期まで行われた高級官吏資格試験制度。隋の初代皇帝楊堅のときに学科試験による官吏任用制度が実施されたのが始まり。狭き門を通ったものには大きな栄誉が与えられたが、過激な競争を生むなど弊害も生じた。１９０５年に廃止。

（注9）玄宗皇帝の寵愛を得た安禄山が、宰相楊国忠の無能に乗じて７５５年に范陽で挙兵したもの。一時、洛陽で帝位を自称し勢威を誇ったが、後に第二子の安慶緒に殺された。

（注10）当時の風習として下男・下女も含む。

人生は捨てた？　芭蕉の旅

１６４４（寛永21）年、松尾芭蕉は、伊賀上野の藤堂家の下級武士の家に生まれた。10代にして侍大将の跡取り息子・藤堂良忠（俳号蝉吟）の小姓《こしょう》となり、その俳句相手を務めたというから、幼いころからその才能を認められていたのであろう。しかし、芭蕉が23歳のとき、この若き主君は亡くなり、ほどなく芭蕉も藤堂家を辞し、兄のもとに身を寄せて俳諧師への道を歩み始めた。

というのも、不平浪士を集めた由井正雪《ゆいしょうせつ》の乱（注11）以降、失業武士の仕官はほとんど絶望的であったからだ。

時折、京へ出かけ、当時の俳諧の主流・貞門《ていもん》派の北村季吟に師事した芭蕉は、やがて江戸へ出て談林派（注12）に転向。その後、宗匠となり一派を形成するが、その安定した生活を捨て「おくのほそ道」へ旅立つ。

俳句のみならず紀行文までを文学の域に高め、独自の境地を開拓したが、大阪への旅の途中病に倒れた。その辞世の句「旅に病んで夢は枯れ野をかけ廻る」はあまりにも有名だ。

（注11）由井正雪が1651（慶安4）年、三代将軍徳川家光の死を機に、幕政批判と浪人の救済を掲げ、倒幕を企画した事件（慶安の変）。未然に発覚して正雪は駿府で自刃した。

（注12）古典的形式的な貞門派（松永貞徳）を批判して一世を風靡したのが、談林（西山宗因）という流派だった。

共通する誠実さと感性

とにかく誠実な魂である。というと意外の感を持たれるかもしれない。杜甫はずっと一生遊んでいたのでは？　芭蕉も言葉遊びで一生暮らしたのでは？……と。

実は杜甫も芭蕉も、いわば貧乏士族の出身であり、共に苦労して文学の道を極めたのだ。というより、この魂の場合、文学以外の道は閉ざされていたとしかいいようがない。

杜甫の場合、本人は政治家を志したようだが、「天性の不平家」の性格は、政治に必要とされるいい加減な妥協には我慢できなかった。この点、芭蕉は見切りが早かったという性格の違いはあるものの、内に向かっては自己を見つめ、外に向かっては「ちいさきもの」への愛を見失わず、魂の感性を磨き続けた誠実な性格は、見事なまでに共通する。

その誠実さが、杜甫においては「語、人を驚かさずんば死すとも休《や》まず」の「練字《れんじ》」（数多くの意と音を持つ漢字の中から、練りに練って一語を選択すること）へのこだわりとなった。

詩人杜甫は、この一点に命をかけたのである。そのため、あえて自らの鍛錬のために、鋭い言語感覚が必要とされる「定型詩」（対句や韻を踏むルールのある詩型）を選ぶ。その長いものは「排律」、短いものは「律詩」と呼ばれるが、晩年には「七言律詩」「五言律詩」の完成者となるのだ。

芭蕉もまた五七五の俳句形式にこだわった。そのフレーズの一つひとつが、何度も何度も厳しく推敲《すいこう》され、ようやく句として定着する。そしてついに、貞門派や談林派を超えた独自の「蕉風《しょうふう》」を完成したのである。

さらに、この二人の表現に共通するのが「景情一致」の象徴的表現法である。景とは「対象」

東京深川の芭蕉記念館にある旅立ちの芭蕉像。

東京深川「まんねんはし」のたもとの句碑。

のことであり、情とは「作者の心情」のこと。対象を語るなかに自分の心を込める方法だ。二人はまさに、この手法の名手であった。

違いを際立たせた宗教観

杜甫の人生を振り返ると、あまりにも任官にこだわった一生であった。その点、芭蕉の人生は芸術に徹し、より内面的な人生であったといえよう。

人生に対する態度の違いは詩句にもよく表れている。杜甫は、「常に恐る、道路に死して永く高人《こうじん》の嗤《わら》ひとなるを」と嘆いたが、芭蕉は「道路に死なむ、是れ天の命なり」と覚悟していた。その根本の違いは、人生観・宇宙観の土台となる宗教への態度の違いにあった。

二人とも、士族の教養であった儒教から出発し、その上に老荘(道教)や仏教を学んでいる。といっても、杜甫の場合は治国救民的儒教の枠を大きく踏み越えることはなかった。老荘的・仏教的な詩句をうたってはいるが、同時期の天才詩人・李白ほど道教に心酔することもなく、「苦しいときのしばしばの慰め」「息ぬき程度」(注13) にすぎなかったといわれる。

一方、芭蕉の場合は修身的克己的儒教をベースに荘子に傾倒。40歳近くになると鹿島根本寺の仏頂禅師のもとに参禅し、瞑想に目覚めたようである。芭蕉においては、老荘も仏教(禅)も血肉化し、俳諧の心に生かされたのだ。

幸福の科学の霊査によれば「五七五の中に、宇宙を封じ込めるからこそ値打ちがある」のであり、「自然を見つめるなかに、どれだけ、この五尺の体から抜け出すことができたか」が「その人の大きさ」だと、芭蕉の霊は語っている。

変わりゆくもの（流行）のなかに、変わらないもの（不易）を発見することこそが、芭蕉の悟りであったのだ。

（注13）太田青丘・前掲書

芭蕉は過去世を知っていた⁉

芭蕉は、なぜか37歳にして俳諧宗匠という安定した境遇を捨て、突然、深川の庵へ引っ込んでしまった。

この謎を解く鍵は、実は芭蕉の妾であった寿貞《じゅてい》にある。この寿貞と、当時芭蕉が引きとっていた甥（姉の息子）の桃印《とういん》が駆け落ちしてしまったのだ。

当時の妾は現代の愛人とは違い、いわば金銭関係を媒介にした正式な内妻であり、愛人といえども姦通罪が適用された。すなわち、捕らえられれば寿貞も甥の桃印も死罪。もちろん、芭蕉は自ら訴えて出る気はなかったが（事実、のちに二人の駆け落ちを許している）、近所の耳目の多い日本橋界隈に住み続けるわけにはいかなかったのである。

折しも、その自由奔放な発想で貞門派を圧倒していた談林派俳諧もマンネリズムに陥り、凋落の危機に瀕していた。芭蕉はそのダブル・ショックを真の隠者となることによって打開しようとした。それが深川隠棲の真相である。

何が幸いするかわからない。まことに人生が妙なるものであることは、これ以降の2～3年、芭蕉の句は漢詩調が急増し、後世に残る真の蕉風が確立していくのである。内面を凝視する時間を得た芭蕉は、自らの過去世と不思議な出会いを果したのではないだろうか（注14）。

「おくのほそ道」へ旅立つ前年、芭蕉はこう詠《よ》んだ。

「木曽のとち、浮世の人のみやげ哉」――「浮世の人」とは、生活に貧して「橡（とち）栗を拾って」いた杜甫のことである。浮世の生活に苦しんだ杜甫に、このとちの実を土産に贈りたいものだという同情の表現であった。

そして「おくのほそ道」の平泉《ひらいずみ》の章。杜甫の「春望《しゅんぼう》」を直接引いて芭蕉は涙する。

「『国破れて山河あり、城春《しろはる》にして草青みたり』と、笠うち敷きて時のうつるまで涙を落とし侍りぬ。

夏草や　兵《つはもの》どもが　夢の跡《あと》」

このとき芭蕉は、自分の過去世を明確に悟ったのではないだろうか。芭蕉にとって、そこは平泉（注15）ではなく、杜甫が「春望」を詠んだ長安であった。杜甫は他者ではなく、

春望　杜甫

國破山河在
城春草木深
感時花灌涙
恨別鳥驚心
烽火連三月
家書抵萬金
白頭掻更短
渾欲不勝簪

平泉の中尊寺。

己自身であった。唐の首都・長安で任官することに家族を犠牲にしてまで憧れ続け、悶え続けたあのころ——。長安と同じようにかつては栄え、いまは衰退した都・平泉に到ったとき、その感情がまざまざと芭蕉の心に甦ってきたのだろう。だから「時のうつるまで涙を落とし」続けたのだ。

さらに、見落とせない点がある。杜甫の原詩では、「城春にして草木深し」である。これを、芭蕉は「草青みたり」と変えている。単なる誤記ではない。「おくのほそ道」は何年もかけて〝練りに練って〟完成させた作品である。ではなぜか。

一読して分かるように、原詩には、栄華を誇った長安も、安禄山の変で荒れ果てて草木が茫々としているという、諸行無常の悲観的な響きがある。一方、芭蕉の句には明るさすら感じられる。

彼は過去世を悟ると同時に悟得したのではないか。確かにすべては移ろいゆく（流行）。だがこの無常のなかにあって、相変わらず青々と生じてくる草木のように変わらないものがある（不易）。それこそは時を超え国を超えて生まれ変わる自分の魂ではないか、と——。

この転生輪廻という永遠の真理、希望の原理を翻然と悟ったからこそ、芭蕉はあえて「草青みたり」という、生き生きとした躍動感のある言葉に変えたのではないだろうか。

「春望」は杜甫46歳の作。くしくも、このとき芭蕉も同じ46歳。この謎かけは、転生輪廻をいつの日にか正確に理解してくれるであろう後世の人への、芭蕉ならではの密かなメッセージだったのではないだろうか。

（注14）反省をして心の曇りをとると、自分の守護霊と通じ合えるようになる。これを阿羅漢の状態という。

（注15）岩手県南西部にある町で、平安末期の約１００年間、奥州藤原氏三代（清衡、基衡、秀衡）の本拠地として栄えた。中尊寺や毛越寺などが名高いが、源義経をかくまったことでも有名。

コラム

『おくのほそ道』は、あの世の西行法師に出会うための巡礼の旅だった

芭蕉の代表作『おくのほそ道』。「閑けさや岩にしみ入る蝉の声」などの名句の数々で現代人にもなじみが深い。

２０００キロにも及ぶ旅は、病気や盗賊に遭遇する可能性も高く、まさに命がけ。芭蕉はなぜそんな危険を冒してまで東北を歩いたのだろうか。

「日光や松島などへ文学的な物見遊山に訪れたかった」とする見方が一般的だが、「幕府の隠密として伊達藩に行った」「忍者だった」といった珍説もいまだに語り継がれている。

そうした諸説が入り乱れるなかで、国文学者の竹下数馬氏（立正大学名誉教授、故人）による大胆な『おくのほそ道』解説が注目を集めている。

それは、芭蕉が西行法師（１１１８〜９０年）の五百回忌の年に『おくのほそ道』紀行に旅立ち、かつて西行が足跡を残した東北などを巡って句を詠み、西行を供養した――というものだ。

西行は、上皇に仕える北面の武士だったが、23歳でその地位を捨てて出家。諸国を行脚して歌を詠み、自選歌集『山家集』を編んだほか、『新古今和歌集』に最も多い94首が収められた平安末期の代表的歌人だ。東北へは30歳前後と70歳直前の二度訪れている。

確かに『おくのほそ道』の道のりをたどってみると、芭蕉は、西行が大小の島々に桜が咲き誇る絶景を詠った象潟《きさかた》（秋田県、後に地震で隆起）までわざわざ足を運び、そこからUターン。旅の締めくくりには、無事帰還したことを報告するかのように、西行が晩年に庵を結んだ伊勢に詣でている。

「閑けさや――」の句を詠んだ、山形県立石寺（山寺）の全景。

竹下氏はその著書で、「半年近くにわたる『奥羽長途《おううちょうど》の行脚』は、芭蕉にとってまさにあの世の西行に出会うための『巡礼の旅』であったのです」と解説している(注)。

『おくのほそ道』のルーツは西行法師にあったのだ。

(注) 竹下数馬『芭蕉マンダラの詩人』(クレスト社)

第十章

英雄はかく生まれ変わる
――ヤマトタケル

山県有朋（1838 ～ 1922）

日本武尊（3 世紀末～ 4 世紀初）

韓信（前 3 世紀後期～前 196）

ヤマト王権に反旗を翻し、九州制圧をたくらむ熊襲《くまそ》。
一方、いまだ心服せぬ坂東《ばんどう》の蝦夷《えぞ》。
王子の身でありながら東奔西走して反ヤマト勢力を征服し、
早世した英雄、ヤマトタケル。
実は、中国は漢代の英雄・韓信の生まれ変わりであり、
また、近代日本には山県有朋として生まれ変わった魂なのである。

山県有朋（1838 ～ 1922）
政治家。陸軍の創設者。元老・元帥。松下村塾に学び、生涯「松陰先生門下生」を自称。奇兵隊を率いて藩内の俗論党や第二次征長軍と戦う。戊辰戦争では北越を転戦。パリ・コンミューン前夜のヨーロッパを視察。内務相、商務相、首相、枢密院議長など歴任。日清戦争では、第一軍司令官。日露戦争では参謀総長。

ヤマトタケルノミコト（日本武尊・倭建命）
（3世紀末～4世紀初）
本名オウスノミコト（小碓命）。景行天皇の皇子。景行天皇27年、天皇の命で九州の熊襲征討へ。ついで、東国へ蝦夷などの征討へ赴くが、その帰途、鈴鹿山麓に没した（景行天皇40年）。死後、白鳥となって天に昇ったとされる。国づくりの高級霊（八次元如来）。

韓信（前3世紀後期～前196）
漢の高祖（劉邦）の功臣。淮陰（わいいん）の人。貧家に生まれ、若いころは流浪の生活。不良少年の股をくぐるという恥辱を耐え忍び、布さらしの老婆に飯を恵まれ、報恩を誓う。用兵の天才として大功を立て斉王となってから、布さらしの老婆を探し出して礼をし、恥辱を与えた不良少年は軍に雇い、中尉にしたという。

名前に込められたヤマトタケルの運命

その人は、なぜ悲劇の英雄といわれたのか。16歳で西征に船出し、30歳で没するまで、なぜ休む間もなく戦い続けねばならなかったのか——。

ヤマトタケル。本名小碓命《おうすのみこと》は、景行天皇（注1）の皇子。しかも、3人の皇位継承権者（ひつぎのみこ）の一人であった。しかし、その武勇のゆえに将軍として遠征の旅に出される。といっても当時のこと。大軍団を率いて行ったわけではない。九州では熊襲勢力に圧迫されている親ヤマト派を糾合しつつ戦った。いわば寄せ集めの兵を教育しつつ、山岳ゲリラ戦を展開したのだ。

そしてついに、熊襲タケルを打倒。しかし、凱旋するや今度は東征の旅に出される。東国には、いまだヤマト王権に服さぬ勢力が割拠していたのだ。この東国で、彼は野火に囲まれたり（注2）、走水《はしりみず》の海（浦賀水道）では荒れる海神を鎮めるために妻の弟橘媛《おとたちばなひめ》が入水《じゅすい》するなど、数々の危難をくぐり抜け、ようやく平定。帰途につくが、尾張まで来たところで今度は伊吹山攻略を命ぜられ、その山の神のたたりで病み、ついに没した。

直接の敗因は草薙剣《くさなぎのつるぎ》を置き忘れ、素手で戦ったこと（注3）。確かに多少の慢心はあったのかもしれない。しかし、三種の神器のひとつである草薙剣を皇位継承権の象徴と解釈するなら、すでに彼は天皇の後継争いに敗れ、剣を持つ権利を持たぬままに死ぬまで戦わされる運命にあったのではないか。

実は、彼の運命が、ある意味で定まったのは、熊襲退治にさかのぼる。族長を意味するタケル（注4）の名を贈られ、彼は独断でそれを受けた。父に与えられた本名を勝手に捨て、しかも「ヤマトタケル」と名乗ったのだ。父王への反逆と見なされても何も言えない。

ヤマトタケル。その名乗り自体、運命を象徴するものであったのだ（注5）。

（注1）卑弥呼（正しくはヒムカ＝日向）の弟の系統から出た天皇。第12代天皇とされる。（大川隆法『黄金の法』）
（注2）このときヤマトタケルは、伊勢神宮でヤマトヒメ（叔母）から授かった天叢雲剣（あめのむらぐものつるぎ）で草をなぎ、火打ち石で向かい火を起こして難を逃れた。草をないだことから、この剣は草薙剣（くさなぎのつるぎ）と呼ばれるようになった。なお、この地を焼津という。
（注3）上田正昭『日本武尊』（吉川弘文館）
（注4）熊襲タケル、川上タケル、出雲タケルなど、「タケル」は部族国家の首長をあらわす名前だった。
（注5）景行天皇の生没年代が現在の史学では不詳のため、ヤマトタケルの年代も不明だが、幸福の科学の霊査によれば3世紀の終わりから4世紀の初めごろの人。

ヤマトタケルの前世は、漢の悲将・韓信

紀元前3世紀末の中国。秦の始皇帝（注6）亡き後の大帝国をめぐって、項羽（注7）と劉邦（注8）が激突した。その項羽軍（楚）の下級武士が、劉邦幕下（漢）に転じて上

若き韓信の股くぐりのエピソードを伝えるレリーフ（東京・あきる野市、白瀧神社）。

将軍になった。漢の宰相・蕭何《しょうか》をして「国士無双」といわしめた用兵の天才・韓信である。

幸福の科学の霊査によれば、この韓信こそヤマトタケルの過去世だ。

「韓信の股くぐり」「背水の陣」などエピソードにもこと欠かない天才武将であった彼がいたからこそ、劉邦の天下統一もなった。ただし、その後、韓信もまた反逆を疑われ、結局処刑された。やはり、悲運の将軍だったのだ。

（注6）前259〜前210。紀元前211年、戦国の6カ国を滅ぼして中国全土を統一し、初めて皇帝を名乗った。郡県制を布いて、強力な中央集権化を図ったが、その死後ほどなく秦帝国は崩壊していった。

（注7）前232〜前202。秦末の武将で楚の人。劉邦と共に秦を滅ぼしたあと楚王となって劉邦と戦い、垓下の戦で敗れて自刃した。

（注8）前247〜前195。中国、前漢の初代皇帝。項羽と連合して秦を滅ぼしたあと項羽との覇権戦争に勝利、都を長安に定めて帝位についた。

無防備国家ニッポンを再軍備した明治の元勲・山県有朋

韓信＝ヤマトタケルの魂は幕末の日本にも生をうけ、維新国家建設に命を捧げている。

長州の奇兵隊から維新政府に出仕し、明治・大正期にわたって政・官・軍をとり仕切った

山県有朋（国立国会図書館蔵）。

山口県萩市の市民球場脇に立つ有朋像。

山県有朋《やまがたありとも》である。

松下村塾では師・吉田松陰から「小助の気」と、その気力をほめられた（注9）が、実はヤマトタケルも「幼《わか》くして雄略《をを》しき気《みこころ》あり」として『日本書紀』に登場している。やがて山県は高杉晋作の創った奇兵隊で軍監となり、実務と実戦の腕を磨いてゆく。そして農民町人の奇兵隊士が、1864年に起きた英・米・仏・蘭の四カ国連合艦隊との戦闘（馬関戦争）において正規軍の藩兵より勇敢に戦ったことから、山県は「国民皆兵」路線を推進するのである。

新政府での山県の仕事は、武士階級を廃した無防備国家ニッポンを、徴兵制によって早急に再軍備すること。そのための精神的支柱として、天皇を神格化することであった。だれもが避ける大西郷との困難な交渉もこなし、1877年に起きた西南の役では、自ら創りあげた徴兵軍を指揮。武士階級の威信をかけた西郷らの反乱軍を撃破する。

やがて木戸孝允・大久保利通の死、板垣退助・大隈重信らの下野により、明治11年以降は伊藤博文と二人で政府を支える。日清・日露戦争を勝ち抜き、伊藤亡き後は最後の元勲として絶大なる権力を握るに至る。その過程でつくった「統帥権の独立」（注10）「軍部大臣の現役武官制」などのシステムが、昭和の軍部独走を招いたとして、後世の史家からの批判もあるのだが……。

（注9）松陰から入江杉蔵への手紙（『己未文稿』）。当時は「山県小助」という名。のちに「狂介」と名乗るが、

有朋は高杉晋作が創設した奇兵隊の軍監として、英米仏蘭四カ国連合艦隊の下関砲撃に対し、奇兵隊を指揮して防戦した。

これは日頃、松陰が「君たち、狂いたまえ」と檄をとばしていたからという。

（注10）軍隊の最高指揮権である統帥権を、天皇の大権として政府・議会から独立させること。これにより、軍部は天皇の裁断を得たなら内閣を無視して行動できるようになった。

弱兵を強兵とする天性の才

この魂は、調略を好む秀吉や家康のような政治家タイプではない。生来の武断派、山県いわく「一介の武弁」だ。

例えば韓信は、外交交渉で降服を約束していた斉の国をあえて攻め取ってしまう。山県も戊辰戦争（注11）で「長岡藩とは決して戦うな」との西郷の指示を意に介さず、さっさと戦端を開き、日清戦争でも参謀本部を無視して前線に飛び出し、天皇の命令によって帰国させられてしまう。

しかし、この魂のすごいところは、どんな弱兵でもそれを強兵と化し、戦いに勝ってしまうことである。

ヤマトタケルは遠征にあたり「軍衆をも賜わずして……」（『古事記』）と嘆くが、そのつど兵を寄せ集めて勝ってしまう。

韓信も精鋭部隊はどんどん劉邦に召し上げられてしまい、つねに寄せ集めの弱兵を訓練しつつ戦う。あるいは「背水の陣」（注12）のように弱兵も必死に戦わざるを得ない状況に追い込み、連戦連勝した。

そして、山県も、目的のためにはあらゆる手段を講じ、西南の役・日清・日露戦と薄氷を踏む思いながら、必ず勝利を得てゆくのである。

（注11）明治元年の1868年から翌年にかけて、王政復古で成立した明治政府が、佐幕藩の残存勢力を一掃した内戦。この戦争の結果、明治政府は薩摩藩と長州藩の出身者が主体となった。

（注12）韓信が斉を平定するにあたって、井陘《せいけい》の戦いで用いた作戦。河を背にして布陣するという兵法のタブーをあえて破ったもの。転じて一歩も退けない状態に身を置いて、必死の覚悟でことに当たることの例えとして用いられるようになった。

歌人でもあった武人

東征の帰途、ヤマトタケルは足柄の坂（現在の神奈川・静岡県境）で振り返り、走水の海に入水した妻（弟橘媛）をしのび、「吾妻はや（わたしの妻はなあ）」と痛切な言葉を三度発したという。この故事により、この地方は「吾妻《あづま》＝東」と呼ばれ、この坂より東を「坂東（ばんどう）」というようになったのだ（『古事記』『日本書紀』参照）。

さらに旅を急いだヤマトタケルは、甲斐の国（現在の山梨県）に入り、「新治《にいばり》筑波（現在の茨城県）を過ぎて、幾夜《いくよ》か寝《ね》つる」（常陸国新治郡の筑波からここ甲斐にくるまで幾晩寝ただろうか）と歌で問いかけたところ、側近はだれも答えられなかったが、なぜか灯し火をたく老人が、この歌につぎ足してこう歌った。

「日々《かが》なべて　夜には九夜《ここのよ》　日には十日《とおか》を」（数えてみますと九泊十日かかりました）

この返歌の見事さをヤマトタケルはほめたたえ、この老人を東国《あづまのくに》の国造（くにのみやつこ）に任命したという。

二人で一首の和歌を詠む「連歌」は、このとき生まれたとされ、この地（甲府市酒折《さかおり》）のヤマトタケルを祭神とする「酒折宮」は、今日でも「連歌発祥の地」といわれている。

なお、ヤマトタケルの歌としては、次の「国しぬびの歌」がもっとも有名であろうか。

「倭《やまと》は　国のまほろば　たたなづく　青垣　山籠《やまごも》れる　倭《やまと》しうるわし」（大和は国の中でもっとも秀でている所だ。山々が重なりあって青い垣根のようだ。山々に囲まれている大和の国はほんとうに美しい。上田正昭・前掲書）。

一方、山県有朋も、武人でありながら実は歌人でもあったという。なんと、彼は「生涯に千首にちかい和歌をよんでいる」（半藤一利『山県有朋』ＰＨＰ文庫）のだ。「かれの教養の基礎は国学で、それを父親からうけた。それもおもに思想性のうすい歌学程度のものであった」が、「晩年にいたるまで調《しら》べのととのった和歌を詠むことができた」という（司馬遼太郎『坂の上の雲』文春文庫）。

例えば、長年連れ添った妻・友子を亡くしたとき（明治26年）、山県は「去年は子にさきだたれ、いまは妻に別れければ」と題して、こう詠んでいる。
「あかの水そそぎながらに思ふかな　きのうはともに手向けしものを」
『人物叢書・山県有朋』（吉川弘文館）で藤村道生氏は「謹厳で知られる山県にも、妻の追憶に涙する優しさがあったのである」と書くが、政治的子分《こぶん》に恵まれてはいても、実子7人中6人にまで早世された山県には、やはりヤマトタケルの悲劇性をしのばせもする部分があるのである。

軍事面からの「国づくり」

漢の場合、百戦百勝の豪傑・項羽に対抗できる武将は韓信くらいのものであり（実際あの項羽でさえ、韓信には懐柔の使者を送っている）、漢の国づくりにおける韓信の功績は大きい。

古代の日本においても、この時期にヤマトタケルが出現しなければ、国家統一はいつになっていたか分からないといわれる。

そして、維新後の日本。山県が軍備増強と天皇による国民の意識統一（注13）を執拗に追求していなければ、果たして日本は、国家の体を成していられたかどうか……。日清や日露戦争に負ければ、日本は欧米列強の植民地となり、悪くすれば分割統治されていたはずだからである。

　かくしてこの魂は、いつの時代にも自らの使命、すなわち「国づくりの軍神」としての役割を果たし、帰天した。

　ヤマトタケルと韓信の悲劇性は、その使命を全うし得たのちのことであり、「狡兎《こうと》死して走狗《そうく》烹《に》らる」のたとえ通り（注14）の最期にすぎない。義経の例や、徳川幕府成立後の外様大名の取り潰しなどと同じこと。それを避けたければ、劉邦の功臣・蕭何のように自ら民の評判を落として見せたり、伊達政宗のグルメ狂いのように、とにかく野心のないことを演じるしかないのだ。

　韓信も一度疑われ、淮陰候《わいいんこう》という地方の諸候の立場に格下げされた時点で、「生きながらえているうちに、とうとう樊噲《はんかい》

山県有朋の生誕を記す石碑。

（劉邦軍の武将の一人）などと同列になってしまったわい」と自嘲している。

これに対して、山県の場合は、韓信とヤマトタケルの人生を教訓としたかのように、無事、生涯を終えている（大正11年没）。ただ、その9年前の76歳のとき、すでに彼はこう詠んでいる。

「親しきも疎《うと》きも　友は先立ちて　ながらふる身ぞ　悲しかりける」

確かに山県死して後に軍部が独走しはしたが、日清戦争の勝利や山県の育てた強固な子分集団（山県閥）が主導した日露戦争の勝利などを見ると、今回も「国づくり」の使命は果たし得たと見ていいのではないだろうか。

（注13）「軍人勅諭」や「教育勅語」によって、山県は、国民の精神的統合を図った。

（注14）獲物を取り尽くせば猟犬は煮殺され、鳥がいなくなれば弓はしまわれるように、敵国に勝てば功将は殺される、の意。『韓非子』『准南子』からきた当時の中国のことわざ。

第十一章　言《こと》魂《だま》の魔術師——額田王《ぬかたのおおきみ》

額田王（645頃〜712頃）

弟橘媛（3世紀頃）

万葉集随一の女流歌人として名高い額田王《ぬかたのおおきみ》。
しかし、これほど謎に満ちた女性もいない。
大海人皇子《おおあまのみこ》（天武天皇）との間に一女をもうけながら、
のちに天智天皇（中大兄皇子《なかのおおえのみこ》）の妃となり、
「恋多き女」とも「天下の悪女」とも評される。
しかして、その実像は？
その過去世（幸福の科学の霊査によれば弟橘媛《おとたちばなひめ》）の
生き方を参考に、
謎の歌姫・額田王の実像に迫る。

額田王（645ごろ～712ごろ）
初期万葉時代随一の女流歌人。鏡王の娘とされるが、鏡王自体が不明な存在。王（おおきみ）は単なる豪族の娘では名乗れず、皇族であろうといわれる。大海人皇子との間に一女（十市皇女）あり。のち中大兄皇子（天智天皇）の妃として迎えられる。一説に、斉明天皇の子。天智天皇の正妃・倭姫王（『古事記』『日本書紀』）のことか？

弟橘媛（3世紀ごろ）
日本武尊（倭建命・ヤマトタケルノミコト）の妃。日本女性の鑑とされる貞女。穂積忍山宿禰の娘。九州に生まれ、日本武尊と共に各地を転戦。本州に上陸し、大和へ進出。その後九州の反乱鎮圧、坂東遠征（東征）などにも従軍。その東征において、走水の海（浦賀水道）を渡る際、海が荒れたので海神を鎮めるため入水した。魂的には、竜宮界の女神。

不倫の歌か？

「あかねさす　紫野《むらさきの》行き　標野《しめの》行き　野守《のもり》は見ずや　君が袖振る」

額田王の才能と奔放な性格が表現された名歌とされるこの歌は、668年、天智（注1）即位後5カ月目に行われた薬猟《くすりがり》（注2）の宴席でのもの。別れた夫の天武が人目もはばからず袖を振るが、それでは野守（天皇）に見つかってしまいますよ、との意。

これに対する天武（注3）の返歌は、「紫草《むらさき》の　にほへる妹《いも》を　憎《にく》くあらば　人妻ゆえにわれ恋ひめやも」（あなたがあまりにも美しいから、どうにも恋心をおさえられなかった。いまは人妻だとはいえ、どうして思い切れようか）。

現在の夫である天智天皇をはじめ、重臣たちの居並ぶ席でのあけすけなやりとり。時代のおおらかさなのか、開き直りなのか。額田王は、やはり「不倫と乱行の才女」（注4）であったのだろうか。

（注1）626〜671（在位668〜671）。舒明天皇の皇子。母は皇極（斉明）天皇。中大兄皇子と称した。中臣鎌足とはかり、645年蘇我氏を倒し、孝徳・斉明天皇の皇太子として改新政治を指導。この間、百済救済に努めたが、唐・新羅連合軍に白村江の戦い（663）で敗れた。斉明天皇死後も皇太子のまま政治を行ったが、都を近江の大津に移し、668年正式に即位。近江令の制定や最古の戸籍・庚午年籍の作成など内政に力を尽くした。

（注2）薬猟（くすりがり）。男は薬用の鹿の角を求めて狩りをし、奥方たちは薬草を摘んだ。
（注3）？～686（在位673～686）。舒明天皇の第3皇子。大海人皇子と称した。兄天智天皇を助け大化改新政治の確立に尽くしたが皇嗣問題などをめぐって不和となる。天智天皇死後吉野に退き、大友皇子との間に壬申の乱が起こったが、東国を基盤としてこれに勝ち、673年飛鳥浄御原宮で即位。飛鳥浄御原律令の制定、『帝紀』『旧辞』の編纂、八色の姓など大化改新以来の事業を確かなものにした。
（注4）二瓶寛『古事記は額田女王が作った』（近代文芸社）

神事をうたった二人

結論からいえば、この歌は恋の歌でもからかいの歌でもない。公式の場にふさわしい、神事をうたった歌なのである。

それというのも、単純な恋歌＝相聞歌《そうもんか》なら、万葉集巻二の「相聞」の部に収められるべきなのに、この歌は巻一の「雅歌《がか》」に収められているのだ。

「野守」は番人＝天皇を指すのではなく「国魂《くにたま》」を表し、「袖振る」は「相手の魂を呼ぶ」しぐさで、この場合は招魂の儀礼のこと。つまり、この歌は「朝の光のさす標縄の野で、国魂の神は見たのでしょうか、あなたが招魂受霊式で袖を振るお姿を」という意味（注5）。この硬い内容を一見相聞歌（恋の歌）風にうたってみせたところに、額田王の技量が見てとれるのである。

一方、天武は自分を国魂の神に擬して紫の服を着た人間の女性たち（人妻）の美しさをうたったのである。

若くして天武の妻となり、十市皇女《とおちのひめみこ》を産んだ額田王が、なぜ天武の兄・天智と再婚したのか。奔放な額田王の自由恋愛か？ 天智の略奪婚か？ それとも天武の心変わりだったのか？

（注5）向井毬夫『額田王の実像』（集英社）

弟橘媛は竜宮界の女神

謎を解く鍵は、額田王の魂の出自にある。

幸福の科学の霊査によれば彼女の魂は、日本武尊《ヤマトタケルノミコト》の妃であり日本女性の鑑といわれる、弟橘媛の分霊（注6）なのである。

弟橘媛の父は穂積忍山宿禰《ほづみおしやまのすくね》であり、祖父・

千葉県木更津市の太田山公園に立つ弟橘媛像（左）とヤマトタケル像。この地でヤマトタケルが海神の怒りを鎮めるために海に身を投げた弟橘媛をしのんで「君さらず　袖しが浦に立つ波の　その面影を　みるぞ悲しき」とうたった。これが木更津の語源とされる。

大水口宿禰《おおみなぐちのすくね》は大和と近江路をつなぐ甲賀・水口《みなぐち》あたりを開拓した祖神といわれている（注7）。

しかし、事実としては、弟橘媛は豪族の娘として九州に生まれ、夫（ヤマトタケル）とともに本州に上陸（注8）。出雲の勢力とも合流して大和進駐を成し遂げ、その後も夫に付き添い日本国中を戦って回ったという。

とすれば、弟橘媛の一族はヤマトタケルと同じく九州出身で、早くから彼と行動を共にしていた豪族であり、本土進駐後に落ち着いた先が甲賀・水口だったと思われる。その意味で、弟橘媛は尾張のミヤズ姫のような（尾張氏への）出兵要請に基づく政略の婚約とは違って、ヤマトタケルの、真の糟糠《そうこう》の妻であったといえるし、一族あげての同志的結合でもあった。実際、ヤマトタケル最期の東征には弟橘媛の父も兄も参加したし、媛の走水《はしりみず》での入水《じゅすい》には侍女10人が従ってもいる。

（注6）ひとつの魂が、別々の個性に分かれて独立した霊になることを、分霊という。
（注7）小椋一葉『天翔る白鳥ヤマトタケル』（河出書房新社）
（注8）月刊『ザ・リバティ』98年5月号「邪馬台国論争決着の鍵は、ヤマトタケルにあった！」

夫の安全のために

走水とは、いまの浦賀水道のこと。その流れの速さに「水走る」とヤマトタケルが驚いたことから、その名がついたという。当時から三浦半島と千葉・東北方面を結ぶ海路であったが、ヤマトタケル一行が船を出すと海が荒れたため、海神を鎮めるために弟橘媛は自ら身を投げたのである。

「さねさし　相模の小野に燃ゆる火の　火《ほ》の中にたちて　問いし君はも」（相模の国の野原で火攻めにあったときも、私の身を気づかってくださったあなたの心は忘れません）

入水に当たってうたったとされるこの辞世の歌にも、彼女の愛と、身を捨てても夫を救おうとした祈りが感じられる。

幸福の科学の霊査によれば、彼女は極めて清楚で美しく、少し気が強く、しっかりしており、頭のよい女性である。そして、その魂の本質は竜宮界（注9）の女神であるという。

竜宮界の住人となるための条件は、澄みきった心、常に美しい感情・感性を保ち、美しい言葉を発すること。言葉には力があり、霊力がある。これを言魂《ことだま》という。悪い言葉は悪い現象を引き起こし、良き言葉は良い現象を引き起こす。この弟橘媛の分霊が額田王なのである。悪女であるはずがないのである。

（注9）竜宮界とは乙姫など、女神をはじめとする澄んだ心を大切にする霊人たちの世界。霊界構造的には、六次元光明界を中心に五次元善人界から八次元如来界の一部までタテに貫いて、ポカリと浮いているような世界。

額田王の役割は？

7世紀の日本の為政者にとって、和歌は現代では信じられないほど重要なものであった。神に願い事をするときも、よい歌を献じれば神の心を動かすことができると信じられていた。見事な歌は、ときに神の怒りを鎮め、ときに人に幸せをもたらすものであった。

特に額田王は、「言魂の宿る歌を詠む力を持っていると信じられており、『額田王には神が宿る』と思われて」（注10）いた、並ぶ者なき優れた女流歌人。公の行事でも天皇に代わって歌をつくった。この役を「御言持《みこと》ち」というが、天皇の心を「歌を通じて広く民に伝える」（注11）役であったという。また、彼女は神と交信する巫女的性格を備えていたようでもある。その意味では、額田王は弟橘媛の面影と見事に重なり合う。その力は政治を仕切る権力者たちにとって、大きな魅力であったことは想像に難くない。

しかし、それだけが額田王が夫・天武と別れさせられ、天智天皇の妃にさせられた理由ではない。そこにはパワー・ポリティクスに絡むもうひとつの事情があった。

じつは、天智・天武の母である斉明天皇も、高向《たかむく》王との間に一子（漢皇子《あやのみこ》）をもうけながら、のちに舒明《じょめい》天皇と再婚させられているのだ。斉明天皇、そして額田王。二人はなぜ皇妃にされたのか、他に子を持つ身であったにもかかわらず――。正史である『古事記』『日本書紀』には何も記されていない。いや、あえて何かを隠しているとしか思えない。それは何か？

（注10）大川きょう子『運命を開く鍵』（小社刊）
（注11）杉本苑子『万葉の女性歌人たち』（ＮＨＫ出版）

政治的人質か？

それは一言でいえば、物部氏（注12）の存在と影響力である。確かに、物部氏といえば6世紀末に蘇我馬子との宗教戦争（注13）に敗れ、大きく影響力を失ってはいる。しかし、近年の研究では蘇我氏に敗れた物部守屋は物部氏の首長ではなく支流であり、その後も豊富な財力と神事担当権（祭祀権）によって物部氏はかろうじて勢力を保ち続けたという。

さらには意外なことに、この蘇我・物部連合が「壬申の乱」（注14）において天武を支えたというのだ（注15）。

そもそも大和朝廷は、天皇家と物部氏の「和」＝連合によって成り立っていた。天皇は物部氏より妃を得て即位する。妃は神事を行い、神の意を受信し、その神意に基づいて天皇が政治を行う――そういうシステムであったという。

そして、実は斉明天皇も額田王も、物部氏の最高位に位置する女性だったらしいのである。額田王は、単なる巫女や後宮の一女性ではなく、「王」の名の示すとおり皇族であり、連合政権の要であったのだ（注16）。

だからこそ、天智は天武から額田王を取り上げ、代わりに自分の娘を4人も天武に嫁がせているのである。額田王は、いわば「政治的人質」でもあったわけだ。

しかし、諸行は無常だ。額田王につながる物部氏の勢力は、天智が「大化の改新」でやり切れなかった土地改革（公地公民制）を藤原不比等と組んでやり抜いた持統天皇（女帝）によって、その膨大な土地を召し上げられることで消滅する。そして、天皇家の地位を強調する正史（『古事記』『日本書紀』）が成立。この過程で、額田王の出自は、物部氏と天皇家との関わりが消されていくと共に抹消されていった。かくて、天武・天智とのロマンスの謎だけが残り、「恋多き女」「悪女」額田王のイメージが誕生したのである。

（注12）古代の中央豪族。大伴氏と共に、大和朝廷の軍事をつかさどる。5世紀ごろから大連となり勢力をふるう。大伴氏の失脚後栄えたが、皇位継承・仏教受容問題で蘇我氏と対立し、587年蘇我氏に物部守屋が滅ぼされ、衰退していったといわれる。

（注13）仏教受容の可否をめぐって、廃仏派の物部氏と崇仏派の蘇我氏が対立。用明天皇死後の皇位継承問題も絡んで武力闘争にまで発展し、587年蘇我馬子が物部守屋を滅ぼした。

（注14）672年、天智天皇没後の皇位継承をめぐる古代最大の内乱。近江朝の天智の皇子大友皇子と、吉野に出家していた皇弟大海人皇子との間に起こった。大海人皇子は東国の軍隊を動員して大友皇子を破り、翌673年即位して天武天皇となった。この結果、旧豪族が衰え、律令制国家が天皇の権威の強大化のもとに確立された。

（注15）物部氏は、スサノオノミコトの末子ニギハヤヒを祖とし、蘇我氏もまたニギハヤヒの血縁者を祖としている。（『日本書紀』）

（注16）梅澤恵美子『「悲」の巫女　額田王の謎』（学研・歴史群像新書）

天武ひとすじ？

「君待つと　わが恋《こ》いをれば　わが屋戸の　すだれ動かし　秋の風吹く」（額田王）

これは「近江天皇を思ひて作る歌」というタイトルがついている。近江天皇とは天智のことであり、まだ天皇存命中の歌である。果たして額田王が待っている「君」とは天智のことだろうか。万葉集の編者の間違いか意図的作為ではなかろうか。なぜなら、弟橘媛と同じ魂の系統ならば、ひとすじに愛をまっとうするはずだからである。果たしてその相手は最初の夫、天武だったのではないだろうか。

といっても、この魂はいつまでも恋々と

甘樫の岡から見た奈良県明日香村の風景。

するだけの魂ではないことも、弟橘媛の潔い最期を見れば明らかである。澄み切った心を大切にする女神らしく、執着とは縁がないのだ。それは次の歌のやりとりにも現れている。

「古《いにしえ》に　恋ふる鳥かも　弓弦葉《ゆづるは》の　御井《みい》の上より　鳴き渡り行く」

これは、晩年の額田王に、天武の子・弓削皇子《ゆげのみこ》が贈った歌。弓弦葉とは、新しい葉が出ると古い葉が下がる植物。つまり皇位の禅譲を意味するのだが、この歌には次のような内幕があった。

実は天武天皇は後事を皇后の持統とその子・草壁皇子に託して死んだ。が、草壁が早世。そこで持統は自ら皇位につき、草壁の幼い一子、つまり孫に皇位を継がさんとしたのである。そのため持統は、自分とは別の妃から生まれた天武の子らへの皇位継承を絶対的に拒んだ。

この持統の強引なやり方に対して悩んだ天武の子・弓削皇子は、自分が泣き叫ぶのは、昔（自分が有力な皇位継承者だったころ）を恋しく思う鳥だからだろうか……と額田王に問うたのである。これに対し、額田王はこう答える。

「古《いにしえ》に　恋ふらむ鳥は　霍公鳥《ほととぎす》　けだしや鳴きし　わが念《おも》へる如《ごと》」

キーワードはホトトギス。「冥土の鳥」ともいわれるホトトギスは、「不如帰」（「帰るに如かず」）と鳴くともいう。つまり、「泣いているのは、冥土の鳥・ホトトギスでしょう。昔を恋しても（去ったチャンスに執着しても）しょうがない。所詮はこの世のこと。あきらめて冥土に帰りなさい」との意であろう。

それは数奇な人生を歩んだ彼女自身が、過ぎたことに執着しても仕方ない、（あの世へ）帰るに如かず……と思っていることの表現でもあったと思われるのだ。

澄みきった明るさ

運命に翻弄されたかのような額田王の人生だが、しかし、どんな立場に置かれようとも彼女は毅然とした女らしさ、美しい心を失わなかった。それは、彼女には「歌」があったからではないだろうか。

しかも額田王は、言葉を自在に操ることができる希有の才能を持っていた。

「切ない『恋』や『死』を詠ってはいても、すぐれて論理的であり、いつも透明で澄みきった明るさがある。かつまた、その歌の表面はいざ知らず、その背景には『時代』が、『歴史的事実』が必ずといっていいほど詠みこまれていた」（注17）。

恋の歌ばかりではない。

「熟田津《にぎたつ》に　船乗りせむと月待てば　潮もかなひぬ　今は漕《こ》ぎ出《い》でな」（熟田津で、出動の時を待っていたが、明るい月も出た。潮の加減も申し分ない。さあ、全船団よ、今こそ漕ぎ出せ）

この力強く兵士を鼓舞する歌をはじめ、額田王は優れた歌を数多くつくっている。言葉の霊力を持つと信じられていた彼女の歌は、戦いに出かける兵士たちの心をどれほど奮い立たせたことだろう。

また、それほどこの国の人々は言葉を尊んだ。それが今では、「政《まつりごと》」にかかわる人々は言葉を語れず、言葉を「生業」とする人たちも人を悪《あ》しざまに論《あげつら》う言葉ばかりをしきりに発し続ける始末。

こんな時代だからこそ、言葉の霊力（言魂）を学ぶことが必要ではないか――。額田王の魂は、そんなことを思っているのではないだろうか。

（注17）藤村由加『額田王の暗号』（新潮社）

第十二章

政治家の鑑として——松平定信

松平定信（1758 ～1829）

ペリクレス（前496～前429）

相次ぐ天変地異と飢饉に
一揆や打ちこわしが全国を席捲《せっけん》。
田沼意次《おきつぐ》の金権バブル政治で破綻した
幕政を建て直すため、
徹底した行財政改革を断行。
信念の人・松平定信の過去世は、
古代ギリシャの民主政治の立役者ペリクレスだ。
政治家として生まれてくるこの魂の使命とは!?

松平定信（1758 〜 1829）
８代将軍吉宗の孫。14 歳で『国本論』を著し、生涯で百数十冊を著述。17 歳で養子に出され、26 歳で白河藩主となる。折からの「天明の大飢饉」を、藩内の餓死者ゼロで乗り切る。30 歳で老中首座、翌年将軍補佐を兼任。寛政の改革で幕政を建て直す。

ペリクレス（前 495 〜前 429）
アテネの名門出身の政治家。民主的改革を断行し、悪の成長を阻止しつつ、アテネに繁栄をもたらした。デロス同盟を利用して勢力を拡大。ペロポネソス戦争では海軍中心の作戦を指揮したが、疫病に倒れる。法案以外、著述は一切遺していない。

松平定信が選択したのは、日本を再建する道だった

金権バブル体質だった、それまでの田沼意次政治（注1）に代わって政権を担った白河藩主・松平定信。その行革は、わずか6年あまりで終わった。

「白河の清き流れに魚すまず　もとのにごりの田沼恋しき」――バブル時代の野放図な風俗に慣れた江戸市民にとって、定信がとった極端な質素倹約や風紀取締り（奢侈《しゃし》禁止令）は、密偵監視体制ともあいまって暗く窮屈なものと映ったのであろう。後世の史家の中にも、思想統制（寛政異学の禁）などの政策や、定信自身も田沼に賄賂《わいろ》を贈ったこと、そして大商人との関係を結局は復活させたことなどを批判する声がある。

また、最近は田沼政治を評価する動きも出てきた。いわく、直接税の年貢を増やすより、間接税の冥加金《みょうがきん》・運上金で増収を図ったのだ、と。だが、現在の尺度で過去を計ることは、よほど慎重でなければならない。

「寛政の改革」を失敗とし、その原因を「重農主義」（注2）緊縮財政」策に求めるのも、あるいは、小藩（11万石）での成功を国政レベルに持ちこんだ愚とするのも当たらない。

当時の定信には、台頭する商業資本による「重商主義」（注3）を一時無視してでも、「重農主義」を選択せざるを得ない理由があったのであり、その成果は、実は彼の失脚後に着実に確実に実を結んでいったのである（注4）。

定信は、ものごとを根源から考える男であった。

「天明の大飢饉」（注5）をきっかけに各地で起きた一揆や、江戸を5日間も無政府状態にした「江戸大打ちこわし」などの田沼時代末期の騒乱を、彼は正しく「体制の危機」として認識した。

その危機とは、一言でいえば将軍の権威の失墜であり、社会の価値秩序の崩壊であった。その象徴は、武士が借金のために商人に土下座する姿であり、幕閣から庶民にまで蔓延した「好利主義」であり、端的には性風俗の乱れであった。さらに甚だしきは、凶作に備えるべき郷倉《ごうぐら》（注6）まで金銭で蓄えるという拝金の風潮。「公儀の威光」は地に堕ち、いつ戦国の世に逆戻りしてもおかしくはない状況であったのだ。

危機管理において最も大切なのは、為政者の理念であり、民の価値観＝正しさの基準である。拝金主義によって一度壊滅した価値観を建て直すには、この風潮の中で、徳川幕府の根幹でありながら崩壊寸前に至った農村を建て直し、その農業を経済の中心に据える重農主義しかなかったのである。

（注1）田沼意次……江戸中期の幕府老中。将軍家重の小姓を経て側用人となり、遠江相良《とおとうみさがら》の城主に取り立てられ1772（安永1）年、老中。子の意知《おきとも》と共に田沼時代を現出。田沼時代とは田沼意次が側用人・老中として幕政の実権を握った1767～86（明和4～天明6）年の20年間をいう。貿易振興・蝦夷地開発・新田開発など幕府財政の積極的打開を意図したが、賄賂政治と批判され、天明飢饉などに

福島県白河市、南湖神社に立つ松平定信公の像。南湖神社の境内には、
定信が楽翁と称した晩年に愛した茶室が移転され、保存されている。

より失敗に終わった。
（注2）重農主義とは、農業の発展こそが国の繁栄をもたらすという経済思想で、自由放任の政策を主張する。
（注3）重商主義とは国家の保護・干渉によって有利な貿易差額を取得し、国富を増大させようとする管理経済的な考え方。イギリスではクロムウェルらによって実施された。
（注4）青木美智男『大系日本の歴史11』（小学館）
（注5）天明2〜7年に起った大飢饉。特に同3年浅間山噴火の影響でおきた冷害による奥羽地方の飢饉は多数の餓死者を出し、このため各地に一揆・打ちこわしが起き、幕府や諸藩の支配は危機に陥った。
（注6）江戸時代、年貢米の保管、凶作に備える貯穀のため、郷村に設置された共同穀倉。

英雄ペリクレスにスパルタ打倒を決意させたもの

幸福の科学の霊査によれば、紀元前5世紀にギリシャ世界で活躍したペリクレスが、松平定信の過去世である。アテナイ民主政の最盛期をつくった大政治家であり、八次元如来界の人だ（注7）。

キモンなど政敵を倒して権力を握ると、ペリクレスはさっそく民主的改革に着手。市民の平等を可能な限り実現した。例えば、役人も議員もクジで選び、その役人や陪審員には手当てを支給。さらに全市民に観劇手当てまで出し、アテナ女神を奉ずるパルテノン神殿を建造するなど、それらの事業はすべて市民の利益となるカタチで推進された（注8）。

もちろん批判がないわけではなかった。民主政の完成者とたたえられる彼が、若いころは市民権の拡大に反対したとか、彼の帝国主義的政策がペロポネソス戦争（注9）を招いたのだとか……。

しかし、ペリクレスの政治活動をひとつの価値観＝理念の実現過程として見れば、それらの誤解は氷解する。ペリクレスの目的は、歴史的にも同時代的にも世界に誇れる「理想的民主政」を、この現実世界に具現化することであったのだから。そのため民主政が成熟するまで市民権は限定し、やがて拡大させたのだ。

この市民政という国家理念＝世界観は、外交においては「反ペルシャ」「反スパルタ」とならざるを得なかった。なぜなら、大国ペルシャ帝国はギリシャの

哲学と民主政が花開いたアテナイ。その面影は現在に残る。

各都市国家に「僭主政」（注10）を強要しており、アテナイのライバル国であるスパルタ（注11）は独自の「寡頭政」（注12）を近隣諸国に押しつけ、その勢力を拡大していたからだ。一方、ペリクレスもサモスなどの諸国に「民主政」の導入を進めていた。あたかも現代のアメリカが「人権外交」と称して「民主主義」を輸出しているように。優れた世界観＝政治形態を諸外国へ輸出することを、単純に帝国主義とは言い切れないだろう。

従ってアテナイとスパルタが激突したペロポネソス戦争は、アテナイを盟主とするデロス同盟（注13）とスパルタを盟主とするペロポネソス同盟（注14）との勢力争いであると同時に、異なる政治理念の衝突でもあったのだ。だから、それはポリス同士の戦争であるだけでなく、各ポリス内部の異なる政治思想の激突という党派闘争としても戦われたのである（20世紀の東西冷戦を思い出させるが）。つまりペリクレスは、スパルタの伸長によって動揺するギリシャ世界を、伝統の民主政の理念によって建て直そうとしたのだ。彼は、何としてもスパルタを打倒しなければならなかった。勝利することが、唯一、理念の正しさを証明すると信じたからである。

しかし、戦争を徹底的に継続させたやり方は、多少強引すぎたのかもしれない。疫病という予期せぬ天災によって作戦は失敗し、彼自身も死んでしまったのだから。

（注7）大川隆法『黄金の法』
（注8）村川堅太郎編『プルタルコス英雄伝・上』（ちくま学芸文庫）

（注9）ペロポネソス戦争（前431～前404）とはアテナイ中心のデロス同盟とスパルタ中心のペロポネソス同盟との戦争。結局、後者が勝利してギリシャの覇者となった。
（注10）富裕な平民層の意向を政治に反映させることで彼らの支持をとりつけ、貴族合議制を非合法的に押さえつけて、独裁的権力を握る者が現れた。「王であるかのような権力を僭称するポリスの主（あるじ）」すなわち「僭主」と呼ばれ、その政治を「僭主政」という。
（注11）ギリシャのペロポネソス半島に、前9～8世紀頃ドーリア人が建設した都市国家。ペロポネソス戦争でアテナイと争い、これを倒してギリシャの覇権を掌握。のち前371年テーベに敗れて以来、次第に衰退。正称ラケダイモン。
（注12）少数の人々が国家の権力を握って行う政治形態。
（注13）前478年サラミス海戦後、ア

ペロポネソス戦争を描いた壺絵の一部（模写）。

テナイを中心にエーゲ海諸島および海岸の諸都市がペルシアの最来襲に備えて結んだ同盟。本部をデロス島においたが、アテナイはこの同盟を利用して覇権を確立。（注14）スパルタを盟主とするギリシア最古の攻守同盟。アルゴスなどいくつかのポリスは参加しなかったが、同盟がペロポネソスのほぼ全域に及んでいたので、この名で呼ばれる。前6世紀中ごろの成立と考えられるが、その経緯と時期については異論がある。一説には、前560年ころのスパルタとテゲアの条約に始まって、各ポリスとの個別条約の時期がしばらく続き、前500年の直前に永続的な同盟の組織化がなされたといわれている。前5世紀のデロス同盟と比較すると、加盟国に対する拘束力の弱さが目立つ。

自分に厳しく金銭に潔癖。無私な政治家の魂

「玉ネギ頭のゼウス様」とあだ名されたペリクレスだが、その潔癖さは筋金入り。40年間もアテナイ民主政のトップに座りながら、財産を全く増やしてはいない。もちろん一切の贈りものや接待も拒否。友人宅で食事をしたこともない。従兄の婚礼に出席したのが唯一の例外だが、このときも酒が注がれると早々と席を立ったという。この点は定信も似たようなもの。質素な生活の上、夫婦の営みさえ、子供をつくる目的以外は慎んだと自ら記しているほどだ。

これほど自分には厳しくても、金の使い方は知っていた。ペリクレスの場合、敵国スパ

ルタやその同盟国の要人買収には惜しみなく金を使っている。定信の場合も、「従四位」を得るため田沼に賄賂を使ったというが、それを自ら書き遺しているところが定信らしい。

また、定信が海防に関して過敏な反応を示したのは、彼の魂の記憶のせいかもしれない。ペリクレスは大艦隊を率いて敵に恐怖を与え、味方には絶大な安心感を与えた。定信も、実現はしなかったが蝦夷地での交易監視のため洋式船の建造を命じており、江戸湾の海防は自分の足で調査しているほどである。

国家の危機とは、国民の気概と誇りが失われること

リンカーンのゲティスバーグ演説(注15)と並んで、信仰と国家の価値を宣言した史上最高の名演説とされるペリクレスの戦死者追悼演説。この演説で、彼はアテナイ民主政の優位性を説き、公平で健全な市民生活が育む自由な精神を訴え、個人の勇気と尊厳をたたえた。

「国家主導型で刻苦勉励する訓練によって得た勇気(スパルタ)よりも、自然体で気楽に、しかも自らすすんで危険に立ち向かう我々のやり方のほうが確実に有利だと私は思う」「近隣諸国のマネはしない……。逆に我々が、他国の模範となるのだ」(注16)。

一方、定信は根本的な価値観＝世界観からの社会秩序の再構築を決意した。万民を子とし、国家と人民の興廃にかかわる天皇から、将軍は日本の国土と国民を委任されている——後に幕末の「大政奉還」の根拠となったこの「大政委任論」を精神的支柱に、重農主義を経済政策として、定信は価値秩序再生に挑んだのである。いわば国民的アイデンティティーとしての幕府の威信回復のために、定信は朝廷の権威を借りたのだ。

世間から、「世の中にか（蚊）ほどうるさきものはなし　ぶんぶ（文武）ぶんぶと夜もねられず」（大田蜀山人）と落首で揶揄《やゆ》されたほどに、定信は武士の気概を高めるために、精神的肉体的な修養を奨励。同時に拝金主義的風俗や性倫理のマヒを一掃すべく動いた。その一方で農村復興と市中の町会基金（七分金積立《しちぶきんつみたて》の法）、失業対策事業などに乗り出したのだ。

東京深川の霊厳寺にある松平定信の墓所。

そもそも改革とは、同時代人には不人気のものが多い。なぜなら改革とは「その時代の人々のいやがることを断行するのだから」「『人々の合意に基づく改革』などありえないし、だいたいこれは形容矛盾であろう」（中西輝政『なぜ国家は衰亡するのか』ＰＨＰ新書）。

かくして寛政の改革は、数年にして年貢収入を回復させ、幕府財政を黒字に転化させ、七分金積立に至っては幕末まで続けられ、明治の近代諸設備や行政機関建設に役立ったのである。

つまり、この改革は「日本人の歴史的活力を内面で再び活性化させた」ものであり、「幕末に活動する雄藩を（藩政改革で）つくり出し」「近代の明治へとつなげていく決定的なプロセス」（中西輝政・前掲書）となったのである。「大政委任論」などのイデオロギーといい行政改革といい、まさに定信は明治維新への道を拓いたといえよう。

さらに特筆すべきは、定信が途中で身を引いても大丈夫なように、その改革を引き継ぐ人材が幕閣に配されていたことだ。その一例が、名代官の輩出である。この寛政期に任命された代官の中に、後に領民から感謝されて記念碑を建てられたり、生きながら「神」とまつられた者が際立って多い（注17）。行政改革とは、カタチの改革よりも、まず行政官の理念と心の変革であることを、この事実は物語っているようである。

現代の日本でも行政改革が進行中だが、果たしてこのような崇高な理念に裏付けられたものと言い得るかどうか……。

ペリクレス＝松平定信。この魂はいつも価値観が動揺する時代に生まれては、その建て直しに挑んできた。ペリクレスは民主政を、定信は大政委任論と重農主義を支柱として。それは、体制的危機に際して、その国に固有の歴史的精神的文化から範を引き、何とか新しい時代を切り拓こうとする試みであった。

さて、グローバルな視点が求められる今日では、過去の価値観をもとに再構築するだけでは真の意味での改革は進まない。日本の枠を超えた人類普遍の真理の力によってしか、日本を改革する手だてはないように思われるのだ。

（注15）南北戦争中の1863年11月19日、ペンシルベニア州ゲティスバーグの戦没者墓地献納式において、大統領エブラハム＝リンカーンが行った演説。3分足らずの短い演説だったが、最後の一句〈人民の人民による人民のための政治〉は、アメリカのデモクラシーの最良の定義であるとみなされている。
（注16）ジョン・K・クレメンス他『英雄たちの遺言』（リクルート出版）
（注17）藤田覚『松平定信』（中公新書）

志《こころざし》は死なず　過去世物語　日本編
教科書には出てこない「もう一つの歴史」

2006年4月27日　初版第一刷発行
2006年5月20日　　　第二刷発行

編／ザ・リバティ編集部
発行者／佐藤 直史
発行所／幸福の科学出版株式会社
〒142−0051　東京都品川区平塚2丁目3番8号
TEL 03（5750）0771
http://www.irhpress.co.jp/

印刷・製本　中央精版印刷株式会社

落丁・乱丁本はおとりかえいたします。

ISBN 4−87688−548−6 C0030